Johannes Villanova

Alexander

Das Feuer des Dionysos

APV

Johannes Villanova

Alexander

Das Feuer des Dionysos

ANNA PICHLER VERLAG, A-1060 Wien

Erste Auflage 1993

ISBN 3-901087 12 5

Satz und Druck: Kure & Co., A-1060 Wien

WIDMUNG

τωι Αλουκυνωι βασιλει τε και φιλωι
και τωι Διωι τωι μεγαλωι ραβδωι των θεων

VORWORT

Die Geschichte kennt fünf Autoren der Antike, die als anerkannte Quellen für jegliches Wissen über Alexander und seine Zeit gelten. Dies sind: Flavius Arrianus, Plutarch, Quintus Rufus Curtius, Diodorus Siculus und M. Iunianus Iustinus. Die oben erwähnten bezogen ihre Informationen zum Teil von primären Autoren, die selbst an Alexanders Feldzügen teilgenommen und später verschiedene Berichte und Geschichten darüber niedergeschrieben haben. Einige dieser Autoren waren Ptolemaios, Sohn des Lagos (Ptolemaios I von Ägypten), Aristoboulos, Nearchos, Kallisthenes und Onesikritos von Astypalaia. Keine ihrer Arbeiten überlebten als vollständige Werke. Die gesamte Sekundärliteratur über Alexander und sein Zeitalter, niedergeschrieben von berühmten Gelehrten, beruft sich ebenfalls auf die fünf klassischen Autoren.

Was das vorliegende Buch betrifft, handelt es sich um die Erscheinung einer anderen Quelle, welche die Angaben der oben genannten Hauptautoren ergänzt, an manchen Stellen korrigiert und – noch frappierender – sogar völlig neue Informationen zur Verfügung stellt. Es ist das Ergebnis von Aufzeichnungen, die über zwei Jahre „medial" vermittelt worden sind. Die Quelle ist eine Seele, die sich Qoros Aigios nennt. Außer dem von ihr übermittelten Namen sind keine weiteren Informationen über diese Seele zu erfahren. Qoros bietet eine „einzigartige" Einsicht in einen Kreis von Beratern, die vorwiegend Zivilposten bekleideten, Alexander sehr nahe standen und so die Möglichkeit hatten, Zeugen der Geschehnisse zu werden und in einigen Fällen die Richtung von Alexanders Aktivitäten zu beeinflussen. Vieles wird über ein politisches Ideal gesagt, welches in der Antike als „Gemeinschaft und Eintracht" aller Völker betrachtet wurde. Es war ein Ideal, das Alexander persönlich bevorzugte, obgleich er es nicht unter dem Begriff erkannt hätte, den die Antike später als „koinonia kai homonoia" bezeichnete.

Der Verfasser war äußerst bemüht, sich genau an die Aufzeichnungen zu halten, eben so, wie sie ihm von der Quelle anvertraut wurden. Die einzige Abweichung ist eine sehr kurze Darstellung von Platons „Prinzipienlehre", so wie sie einst von H.J. Krämer in seinem Werk „Aretê bei Platon und Aristoteles" untersucht wurde. Die Beziehungen zwischen Krämers These über die „Aretê" und Alexanders Verständnis dieses einzigartigen Wortes, das unsere Quelle zu Tage gefördert hat, sind dermaßen ähnlich, daß ein Hinweis auf dieses Werk nicht zu übersehen war. Hinsichtlich unseres konventionellen, rezipierten Wissens über die Antike mögen Qoros' Enthüllungen zwar einiges Erstaunen erregen – ja sogar ein vehementes Kopfschütteln hervorrufen – aber eine empirische Überprüfung seiner Angaben ist völlig unmöglich. Qoros steht einzigartig mit seinen Behauptungen da.

Um es ehrlich zu sagen, die Welt besitzt keinen einzigen allgemein anerkannten, autoritätsvollen Bericht über das Leben Alexanders, von dem man behaupten könnte, alle weiteren Werke könnten einwandfrei ihre Informationen daraus beziehen. In diesem Licht betrachtet, ist die oftmals gemachte Bemerkung, daß jedes Werk über Alexander mehr über die besondere Betrachtungsweise des Autors offenbart, als über die Wahrheit von Alexander selbst – nicht völlig grundlos. Dennoch ist man geneigt, von all den anderen antiken Autoren Arrians Werk den Vorzug zu geben, da dieser bemüht war, ein von Legenden überwuchertes Alexanderbild objektiver zu gestalten – eine Arbeitseinstellung, welche der Wahrheitsempfindung der Moderne sehr gerecht wird. Das sind eben die Kategorien, die Qoros mit seinen Aufzeichnungen sprengte. Er zeichnete ein Bild von Alexander mit einer Selbstverständlichkeit, ja „Entschlossenheit", die den Verfasser und diejenigen, die das Manuskript eingesehen haben, mehrmals verblüffte – als wollte er andeuten, daß auf den derzeitigen Stand der Forschung über Alexander kein Verlaß ist und die Wahrheit trotz jeweiliger Moden seltsame Wege geht, um sich letzten Endes zu offenbaren.

Die vorliegende Geschichte umfaßt Alexanders Aktivitäten von Gordion bis zur Oase von Siwa in Ägypten. Sie beginnt jedoch mit einer Rückblende auf die Überquerung der Dardanellen und die Landung in Asien, um die Bedeutung Trojas vor Augen zu führen, die eine so große Rolle in Alexanders Weltbild sowie politischen Plänen spielte. Obwohl es Qoros am Herzen liegt, die herkömmlichen geschichtlichen Überlieferungen über die Ereignisse zwischen Gordion und Siwa zu korrigieren, geht er dennoch in diesem Werk mehr darauf ein, uns brisante Informationen und Impulse über das „Feuer des Dionysos" zu liefern. Er betrachtet die Geschichte Alexanders als ein glanzvolles Kapitel in der Geschichte dieses „Feuers", die viel älter und weitreichender ist, als es der Alexanderzug zu umfassen vermag.

Die Aufzeichnungen, die Qoros uns zu dieser Zeit zukommen läßt, enthüllen, daß eine besondere Quelle ein Ziel verfolgt, das sich in der Zukunft abzeichnen wird. Sie dient offensichtlich jener Instanz, die mit dem Feuer, das in diesem Buch beschrieben wird, eng verbunden ist, und zeigt klar auf, daß auch Alexander Zugang zu diesem „Feuer" hatte – ja mehr noch: Die Ereignisse, sowie jenes geistige Feuer, das Alexanders Feldzug in ein einzigartiges Licht tauchte, durchdringen unsere Gegenwart in der Hoffnung, einen uralten Traum verwirklicht zu sehen.

In Übereinstimmung mit Qoros' Wünschen sind einige Personennamen geändert worden. Die Namensänderung betrifft historische Persönlichkeiten sowie jene, die uns historisch nicht bekannt sind. Diese Maßnahme wurde für notwendig erachtet, um diese Seelen in ihrer künftigen Entwicklung zu schützen.

Besonderer Dank gebührt meiner Verlegerin, Frau Anna Pichler, die sich tapfer auf ein „bragarfull" mit diesem Buch eingelassen hat, meinem Lektor, Herrn Gottfried Müllschitzky, dem „göttlichen Tauronomos", Werner Gollenbeck, der viele Aussagen aus einer anderen medialen Quelle verifiziert und zum Teil erweitert hat und letztlich „rateas teas tureas bedantisi".

J.V.

KAPITEL I

DER SPEERWURF ALEXANDERS GEGEN ASIEN

ARIKOS TENEA – „Asien liegt uns nahe". Alexander stand auf einem Felsen nahe Sestos, sein Blick streifte den Horizont Asiens, als er jene Worte sprach. Dieser Felsen wurde in der Sprache jener Gegend „Heiliger Felsen" genannt. Er war auch bekannt als der Felsen, den der persische Großkönig Xerxes siegesbewußt bestiegen hatte, als sein Heer den Hellespont überquerte, um in Griechenland einzufallen. Nun, sieben Generationen später, stand ein neuer Heerführer auf demselben Felsen und beobachtete seine Armee, während sie sich einschiffte, um in ein Abenteuer aufzubrechen, das sie nicht nur zu den zu jener Zeit entferntesten Grenzen Asiens brachte, sondern zur fernen Quelle einer uralten Vision, die die Seelen der Menschen erhob und ihr Denken von Grund auf änderte.

Von diesen πετρα παγος τ Αρειος[1] aus, diesem neuen Areopag an der Schwelle Asiens, wurde ein Urteil mit jener Wirkung gefällt, die Aischylos einst καταστροφαι νεων θεσμιων[2] genannt hatte – Umsturz, Untergang, das Ende einer alten Ordnung, besiegelt durch ein neues Fundament. Hier entstand der Eckpfeiler zu einem Traum, den W.W. Tarn später Alexander begeistert zuschrieb: die Vision von der „Unity and Brotherhood of Mankind".[3]

31. Mai – Während sich die Armee noch immer einschiffte, um den Hellespont von Sestos nach Abydos zu überqueren, brach Alexander mit einer Gruppe von 156 Mann, unter ihnen Stabsschreiber, Sonderhandwerker und Soldaten, nach Elaios auf, von wo sie dann die Überfuhr über den Hellespont antreten sollten. Als Alexander in Elaios eintraf, gab er Anweisungen, daß Archonitos, sein griechischer Marschall und Quartiermeister, Alexanders Gefährten und Personal auf den Schiffen unterbringen solle. Stromon,

1 „Areopag", Aischylos, **Eumeniden** 690.

2 „Umbruch unerhörter Gesetze", **Eumeniden** 490–491.

3 Ich nehme absichtlich Bezug auf Tarns inspirierende Darstellung, die seinerzeit mit einer Menge Kritik und Skepsis aufgenommen wurde. In unseren Aufzeichnungen, wie auch immer, behaupten wir, daß Tarns Interpretation nicht nur wunschvolles Denken ist, sondern auch viel Wahrheit beinhaltet. Siehe W.W. Tarn, Alexander The Great, Cambridge University Press, 1948.

ein Schreiber, der im Stab von Deinokrates war, half ihm dabei. Alexander war traurig wegen des Todes von Mironis, einem skythischen Freund, der durch einen Unfall ums Leben gekommen war: Mironis war dabei, einen riesigen Gußbehälter anzufertigen, als dieser plötzlich umkippte und ihn tödlich verletzte.

Im Hafen von Elaios lagen 62 Schiffe vor Anker. 2.000 Hypaspen und Elitemarinetruppen von der Ronia-Einheit warteten darauf, an Bord zu gehen. Alexander übertrug einem General namens Enopros die Verantwortung für die Überfuhr des größeren Teils der Truppe von Sestos nach Abydos. Unsere Quellen berichten, daß Parmenion zu dieser Zeit bereits in Asien war. Er wurde mit einem Truppenkontingent vorausgeschickt, um mögliche persische Angriffe während der Landung zu verhindern. Es war eine Aufgabe, die er erfolgreich ausführte.

Vom Tag der Einschiffung hören wir, daß vom späten Morgen bis zum Nachmittag heftige NW-Winde und leichter Regen über den Hellespont Richtung Asien fegten, was jedoch die Überfuhr der Truppen nicht zu behindern schien. Alexander selbst dachte, dies sei ein gutes Omen. Er betrachtete den Wind und die schweren herannahenden Wolken als den Kriegsgott, der an Asien heranrückt.

In Elaios begab er sich mit drei Schreibern zu einem Hügel, nicht weit vom Hafen, wo die Schiffe warteten. Dort oben stand ein Altar, der einem trojanischen Helden namens Aropos geweiht war. Während des Trojanischen Krieges diente Aropos Paris; später wechselte er über zu Achilles und diente ihm als Priester-Astronom. Hier haben wir eine Episode des Trojanischen Krieges, welche weder von Homer noch von irgendeiner anderen literarischen oder historischen Quelle erwähnt wird, die sich mit dem Krieg zwischen Griechenland und Troja befaßt. Von Aropos wird gesagt, daß er Achilles eine kommende Zeit von Aretê verkündete, welche sich unter dessen Führung manifestieren würde. Raton, Retris und Timotheos, ein Schreiber des Auqas, begleiteten Alexander. Während des kurzen Besuches beim Altar des Aropos bat Alexander Raton, die mit mantischen Techniken vertraut war, den Geist des Aropos aufzusuchen. Nachdem Raton mit Aropos Kontakt aufgenommen hatte, fragte Alexander ihn, ob er über irgendwelchen spirituellen Widerstand ihm oder seinen Absichten gegenüber wüßte. Aropos erwiderte, daß Alexander sich vor Phokas vorsehen und ihm Widerstand leisten solle. Phokas war ein bekannter Prophet und Seher, der in der Gegend von Halikarnassos tätig war. Dieser sei ein potentieller Gegner von Alexanders Plänen. Ob es jemals für Alexander nötig wurde, diese Warnung zu beherzigen, ist uns nicht bekannt. Alexanders Erwiderung, welche er in Griechisch gab, wirft ein interessantes Licht auf die Pläne und Ziele des kommenden Feldzuges. Er sprach folgende Worte: ΑΠΟΣΤΙΛΒΟΥΣΑ ΑΥΤΑΡΧΙΑ ΦΑΝΟΕΙ „glanzvolle Selbstherrschaft wird siegen". „Autarchia" ist ein Begriff, dem wir in einem Standard-Lexikon nicht begegnen; dennoch deutet das Wort klar auf den Begriff „Selbstherrschaft" hin. In dem Ausdruck „Autarchia" sehen wir die ersten Anzeichen eines Konzeptes, welches im Verlauf des Feldzuges an Klarheit und Bedeutung gewinnen sollte, denn Alexander schnitt hier ein Thema an, das schon Aristoteles erkannt hatte. Alexanders Verständnis von dem Begriff „Autarchia" kommt nämlich dem des Aristoteles nahe, der behauptete, daß ein Mensch, der sich durch Aretê auszeichnet, „einem Gott unter Menschen gleichkommt" (Pol. 1284a). Denn für so einen Menschen, der durch Aretê hervorragt, gibt es, laut Aristoteles, kein Gesetz (νομος), da dieser selbst das Gesetz ist, indem er einer höheren Ordnung gehorcht, welche im Kosmos immanent ist. Alexanders Idee von Autarchia läuft einer politischen Vorstellung parallel, die wir in Aristoteles' „De Motu Animalium" widergespiegelt sehen:

„Man soll annehmen, daß die Organisation eines Tieres ähnlich ist wie die einer Stadt, welche eine gute Verfassung hat. Denn, wenn Ordnung einmal festgesetzt ist, bedarf es keines einzelnen Monarchen, der jeder Tätigkeit vorsteht. Jeder verrichtet seine eigene Arbeit, wie sie ihm zugewiesen wurde, und eines folgt nach dem anderen je nach Brauch." (703a)[4]

Alexander war sich zur selben Zeit doch der utopischen Natur seiner Idee bewußt, da er seine Vorstellung von Autarchia als „telotheoarche", Herrschaft eines fernen Gottes, bezeichnete. Er wies darauf hin, daß die Realisierung solch einer Idee in der Tat ziemlich weit von der normalen politischen Wirklichkeit entfernt war.[5] Doch, wie wir später entdecken werden, waren es genau diese Motive, bekannt nur einem kleinen Kreis von Schreibern und Militärs, welche den ideologischen Anstoß zu Alexanders „qartoporeia", dem bevorstehenden, anstrengenden Feldzug in das Innere Asiens, gaben.

61 Schiffe begleiteten Alexanders Flaggschiff über die Dardanellen. Während der Überquerung wurde Alexander von seinen Gefährten gebeten, das Steuer des Dreiruderers zu übernehmen und es zu lenken. Alexander willigte ein und steuerte es für eine gewisse Strecke. Dies wurde als symbolischer Akt aufgefaßt und mit enthusiastischen Beifallsrufen und Applaus von den Gefährten und der Mannschaft begrüßt. Unsere Quellen berichten, daß, während Alexander das Steuerrad in seinen Händen hielt, die Sonne hervorbrach. Das wurde als gutes Omen betrachtet, welches sie auf ihrer Reise begleiten sollte. Auf der halben Strecke über die Dardanellen ließ man das Schiff anhalten, um dem Asqas, einem trojanischen Helden, der Paris widerstanden hatte, einen Stier zu opfern. Man erzählte von Asqas, daß er einem Wassernumen Beistand leisten sollte, einen dardanischen Helden namens Ratua, der auf der Seite der Griechen gegen Troja kämpfte, zu ertränken. Asqas verweigerte jedoch diese Tat und errang dadurch den Ruf eines Helden. Einer Windgöttin opferte man Wein aus einem goldenen Gefäß als Dank für die sichere Reise. Danach nahmen die Schiffe Kurs auf die „Bucht der Achäer", wo einst die Griechen gelandet waren, um Troja anzugreifen. Alexander erschien nun in voller Rüstung und

4 ὑποληπτέον δὲ συνεστάναι τὸ ζῷον ὥσπερ πόλιν εὐνομουμένην.
ἔν τε γὰρ τῇ πόλει ὅταν ἅπαξ στῇ ἡ τάξις, οὐδὲν δεῖ
κεχωρισμένου μονάρχου, ὃν δεῖ παρεῖναι παρ' ἕκαστον τῶν γινομένων,
ἀλλ' αὐτὸς ἕκαστος ποιεῖ τὰ αὑτοῦ ὡς τέτακται, καὶ γίνεται
τόδε μετὰ τόδε διὰ τὸ ἔθος·

5 Unter dem Begriff „ferner Gott" verstand Alexander Dionysos und sein kommendes Reich im Gegensatz zur damals gegenwärtigen Ordnung unter Ares.

wartete, während das Schiff sich der asiatischen Küste näherte. Ungefähr 10 Meter von der Küste entfernt ergriff Alexander einen kurzen Speer, den man bei den Hypaspen benutzte, und schleuderte ihn an Land. Als er dies tat, hörten vier seiner Gefährten ihn sagen: ΜΟΣΤΟΕΣΟΝ ΡΕΣΤΟΑΥΝ ΚΥΝΡΟΙ – „Kelche werden den Speer zerschmettern". Wir erfahren, daß Agamos, einer seiner Gefährten, Sohn des Stynos von Krete, der ein Schreiber des Propheten Eunopanos war, als erster vom Schiff sprang, um eine Planke herunterzulassen. In den Berichten liest man, daß Alexander aus einem Impuls heraus handelte, als er den Speer nahm und gegen Asien schleuderte. Der Speerwurf war nicht vorausbedacht, und doch war er mit einer Symbolträchtigkeit verbunden, welche mit einem einzigen Schlag das veranschaulichen sollte, was Alexander in Asien beabsichtigte. Alexander bezeichnete es später als das „Stöhnen des Giganten" (στονος του γιγαντος). Mit dem Ausdruck „Gigant" wies er auf einen unerschütterlichen Gegner hin, dem er viele Male während des Feldzugs begegnen sollte. Seit jeher betrachtete man den Speer als eine göttliche Waffe, welche ein überirdisches Urteil vollstreckt. Land, das „speergewonnen" (δορυκτητος) wurde, wie es später die Historiker nennen, sah man als Geschenk der Götter an.[6]

Diese Erklärung macht erst den Sinn deutlich und läßt den Symbolwert von Alexanders Speerwurf erkennen. Der Speer war in der Tat eine göttliche Waffe des Ares und beanspruchte mit Rücksichtslosigkeit alles, was er traf, als sein eigen, schlicht und einfach durch das Recht der Macht. Aber diese Waffe, das Instrument des Ares, das Alexander gegen Asien schleuderte, trug noch ein anderes Zeichen, das die Bedeutung des Speerwurfs in ein ganz anderes Licht setzt. In den Schaft des Speeres war das Bildnis eines Panthers eingraviert, das Symbol des Dionysos. Es war also dieser Gott, der jetzt Besitz von Asien ergriff. Es war sein Speer, der Asien aufstöhnen ließ. Der Speer dürfte wohl die passende Waffe gewesen sein, die Asien unterwerfen sollte, aber es war der

6 Siehe F. Schachermeyr, Alexander der Große, Verlag der Österreichischen Akademie der Wissenschaften, Wien 1973, S. 164,

„Kelch", der ΚΥΝΡΟΣ, das neue Symbol des Dionysos, welcher später dazu bestimmt war, eine große Rolle während des Feldzugs zu spielen, der von nun an Asien neu gestalten sollte. Dieser Idee wollte Alexander Nachdruck verleihen, als er sagte: „Die Kelche werden den Speer zerschmettern".

Über diese Dionysos-Speere gibt es noch eine andere Geschichte zu berichten, die sich in Makedonien bei einem athletischen Wettbewerb drei Jahre vor der Invasion zugetragen hatte. Wir hören von Ares-Ringern, die über zwei jüngere Kämpfer siegten (Eapas und Hippoterises), die Aretê erlangt hatten. Nach dem Ringkampf trat Ganris, der führende Kämpfer der siegreichen Ares-Ringer, vor Alexander hin, um den Preis entgegenzunehmen. Nachdem einer der Diener Ganris den Preis überreicht hatte, ergriff Alexander einen Speer und schleuderte ihn Ganris entgegen mit den Worten: ‚stinon, Ganrea srupeson', „Speer, besiege Ganris!". Der Speer traf Ganris in die neue Brustplatte, die er unter seinem rechten Arm trug, und blieb dort so fest stecken, daß er ihn nicht entfernen konnte. Auch dieser Speer trug an seiner Spitze das Bildnis des Panthers. Wir erfahren auch von einem anderen ähnlichen Speer, welcher sich in die Ohrlasche von Ganris' Helm hineinbohrte, der von Retris, einem von Alexanders Schreibern, geworfen wurde. Dem Speer wurde eine magische Bedeutung zugedacht. Wurde man von solch einem Speer getroffen, so bedeutete dies, von der Kraft dieses Speeres in Besitz genommen zu werden. Alexander wollte, daß Ganris zu den Dionysos-Ringern gehöre. In derselben Art und Weise sollte Asien, das für Dionysos durch den Speer gewonnen wurde, durch ein zweites mächtigeres Symbol verwandelt werden, das von nun an weitaus mehr an Bedeutung gewinnen sollte – den Kelch des Gottes, das Symbol einer neuen Ordnung.

Am Abend nach der Landung wurden zwei Altäre am Strand für Opfer vorbereitet, die man Athena „nikaphora", der Siegesbringerin, und Herakles darbringen sollte. Zwei Stiere wurden geschlachtet und den beiden Gottheiten geopfert.

Am nächsten Morgen brach Alexander zusammen mit seinen Gefährten nach Abydos auf. Die Überfuhr seiner Armee von Sestos nach Abydos war noch immer in vollem Gang und dauerte drei Tage. Alexander blieb vom späten Vormittag bis zum Nachmittag in Abydos und überwachte die Ankunft seiner Armee. Die Quelle berichtet, daß Alexander während dieser Zeit mit Ganris stritt, der damals Schatzmeister war. Ganris war daran interessiert, einem seiner Freunde einen Posten in der Schatzkammer zu verschaffen. Alexander lehnte den Mann mit der Begründung ab, dieser sei des Postens nicht würdig. Das war nur eines der vielen Ereignisse, die die Beziehung zwischen den beiden Männern schon lange Zeit störten.

Als Alexander von Abydos spätnachmittags nach Troja zurückkehrte, war er Ganris gegenüber so abgeneigt, daß er sich entschloß, ihn seines Amtes als Schatzmeister zu entheben. Allerdings war Ganris kein gewöhnlicher Amtsinhaber, denn er war von einer Gottheit für diesen Posten auserkoren worden. Darum mußte diese Gottheit befragt werden, bevor etwas gegen ihn unternommen werden konnte. Ganris aber merkte die bedrohlichen Anzeichen und entschloß sich, schnell zu handeln. Er schickte den Schreiber Arias los, um ein besonderes Stück Marmor zu holen, das im Zelt des Eanoaqas, eines Propheten des Dionysos, aufbewahrt wurde, um es dann in einen eiligst gebauten hölzernen Schrein des Gottes Daepnos, der als eine Form des Apollo betrachtet wurde hineinzulegen.

Dieser Marmorbrocken war der Stufe eines verfallenen Schreins des Rhadamanthys zu Delphi entnommen worden. Man glaubte, dies sei ein Brennpunkt oder Behälter für die Energie des Dionysos, und dementsprechend wurde er als Talisman zur Befragung der Götter und für andere religiöse Praktiken benutzt. Hier ist ein Charakterzug von Alexander zu erkennen, der genauer erläutert werden muß: Er war nämlich solchen Praktiken gegenüber recht empfänglich und offen. Dieser wichtige Marmorstein, Symbol und „focus“ für die Energien des Dionysos, fehlte plötzlich. Alexander wollte konkrete Beweise haben, bevor er etwas gegen den unternahm, den er verdächtigte, für diesen Diebstahl verantwortlich zu sein. Eanoaqas, der Hüter des Marmorstückes, riet Alexander, einen Ringkampf zu veranstalten, um den Schuldigen zu bestimmen. Diese Ringkämpfe spielten eine einzigartige und bedeutungsvolle Rolle in den Kreisen um Alexander. Wir werden diese allerdings später noch genauer betrachten. Vorläufig läßt sich sagen, daß es keine gewöhnlichen Ringkämpfer waren, denn das Ringen hatte eine sakrale Funktion und wurde ausschließlich von den Schreibern praktiziert. Auch die Schreiber selbst waren keine normalen Schriftführer. Sie unterstanden dem Schutz jener Gottheiten, denen sie sich geweiht hatten, und waren daher ihrem Einfluß gegenüber empfänglich. Da sie mit ihren jeweiligen Gottheiten zu kommunizieren vermochten, waren sie auch fähig, Botschaften von Numina, denen sie gewidmet waren, zu überbringen. Der Ringer war daher ein einmaliges Instrument für die jeweilige Gottheit, die durch ihn wirkte. Er stellte einen Kanal für die Energie seiner Gottheit dar und wendete diese während des Ringkampfes an. Es war genau diese Dimension numinöser Energie, die während des Ringkampfes zur Geltung kam und aus dieser Auseinandersetzung mehr als bloß einen gewöhnlichen Kampf auf physischer Ebene machte. Der Ringkampf spielte sich also nicht nur auf der physischen Ebene ab, sondern auch auf der psychischen.

Da das Ringen unter der Schirmherrschaft der Götter stand, konnte es verschiedenen Zwecken dienen – z.B. um ein Omen zu deuten, oder den Charakter, bzw. die Aretê eines Mannes einzuschätzen, auch um ein Urteil zu fällen, sowie die Gunst oder den Aufstieg einer bestimmten Gottheit zu deuten.

Dem Rat des Eanoaqas folgend, dachte sich Alexander eine List aus, um herauszufinden, wer der Übeltäter ist. Jenes besagte Marmorstück konnte seinem Besitzer nicht nur Vorteile bringen, sondern in gewissen Fällen auch den Ausgang des Kampfes günstig für diesen beeinflussen. Genau damit rechnete Alexander – der Gewinner würde sich selbst schlicht verraten.

Am späten Nachmittag kündigte Alexander einen Ringkampf an; der Preis, den er für den Gewinner aussetzte, war ein silberner Kelch. Diese Kelche waren Gegenstände, die sich großen Prestiges erfreuten und daher von den verschiedenen Ringergruppen hoch begehrt waren. Einen solchen Kelch zu gewinnen, brachte sowohl dem Ringer als auch seiner Gruppe Ehre. Sein Besitz förderte darüber hinaus einen gesunden Sportsgeist und bewies einen hohen Grad an Leistungsfähigkeit. Ganris, dem es schon gelungen war, das Marmorstück für sich zu ergattern, gedachte, auch mit einem Schlag noch diesen Preis hinzuzugewinnen.

Sieben Personen waren beim Kampf anwesend, während Arias, der den Kriegsgott verkörperte, mit Stratorestqos, einem Dionysos-Ringer, um den Besitz des Kelches kämpfte. Stratorestqos, ein erfahrener, und nicht leicht zu besiegender Ringer, wurde von Arias überwältigt, und dieser gewann den Preis. Nachdem Arias den Kelch von Eanoaqas erhalten hatte, wurde er ernsthaft von Alexander für seine Missetat zur Rechenschaft gezogen. Alexander wies ihn an, das Marmorstück zurückzugeben und seinen Lebenswandel zu läutern. Arias gestand, daß sich das begehrte Stück im Schrein des Daepnos befindet. Enopros wurde gebeten, es zu holen und dem Eanoaqas wiederzugeben. Zwei Monate darauf wurde Ganris seines Postens als Schatzmeister enthoben.

Das Ringen erlaubt uns eine unschätzbare Einsicht in die Gedanken und Ideen, die diesen einzigartigen Kreis von Gefährten beherrschten und beeinflußten. Es gab drei Gruppen von Ringern, die die Gottheiten des Dionysos, Ares und Daepnos verkörperten. Alexander und seine Gefährten nannten das Ringen „ragnia".[7] Ragnia war mehr als nur ein physisches Messen der Kräfte; es wurde als eine besondere Art des Ringens betrachtet, welche das Maß an Aretê feststellen konnte. Das Ringen war auch eine Hilfe, um das παρεστος eines Mannes herauszufinden, was als Ansammlung vergangener „tugendhafter" Taten aufgefaßt wurde.[8]

7 „Ragnia" scheint vom Wort ρηγνυμι abgeleitet zu sein, welches in Att. Griechisch soviel bedeutet wie: brechen, zerbrechen, zerschlagen; auf Boxer bezogen: niederwerfen, umwerfen.

8 „Parestos" – pf. part. von παριστημι d.h. „nahetreten", „hinzutreten", „dabeistehen", „nahe sein"; το παρισταμενον „gegenwärtige Umstände".

Das Parestos trug zur Gesamtkraft eines Menschen bei. „Tonos" ist ein Wort, das wir normalerweise mit der stoischen Philosophie in Zusammenhang bringen. Es bezieht sich primär auf die psychosomatische Struktur des Menschen. Den Stoikern zufolge setzt sich der individuelle Tonos aus dem Pneuma zusammen, welches eine „kohäsive Kraft" (συνεκτικη δυναμις) darstellt, eine Art Feuer oder Äther, das den gesamten Kosmos durchflutet.[9] Der Tonos ist die Spannungsstruktur der Seele, ihr pneumatisches Energiefeld. Das Wort „tonos", welches auf die Eigenschaft der Seele hinweist, taucht einige Male in unseren Quellen auf, was zur Annahme verleitet, daß es den Gebrauch vorwegnimmt, den die Stoa später von ihm machte.

Das Parestos war die vom Tonos angesammelte Kraft, welche sich auf die vom Menschen erworbenen tugendhaften Taten bezog. Positive Taten erhöhten das Parestos und den gesamten Tonos; negative hingegen schwächten es. Durch Aretê konnte ein Mensch das erlangen, was die Ringer und Schreiber „δια" nannten, Lichtausstrahlung, Erhöhung des Feuers.

Wir erfahren von Qoros, daß eine Tugend, die das Parestos besonders festigte, der Verzicht auf das war, was Alexander und seine Gefährten als φιλοαπτια bezeichneten – Liebe zur Beschaffung, Gewinnsucht. Dieses Wort scheint in keinem griechischen Lexikon auf. In unseren Quellen finden wir auch makedonische und „halysche" Begriffe, die die gleiche Bedeutung haben. Doch Philoaptia erscheint häufig genug, um eine öftere Verwendung zu erlauben. Genau genommen war Philoaptia – Liebe zum Profit, zur Selbstbereicherung – eine Untugend, welche das Parestos beeinträchtigte und somit die Aretê einer Person verringerte. Sie stand im direkten Gegensatz zu den geistigen und ethischen Kräften, welche die Aretê erhöhten, und schwächte ernsthaft, wenn sie sie nicht sogar zerstörte, jene persönliche Chance, Vergeistigung zu erlangen, welche der Lohn der Aretê war.

9 Siehe J.M. Rist, Stoic Philisophy, Cambridge University Press 1969, S. 86ff.

Auf der physischen Seite war das Ringen eine Kombination aus Greifen und Schlagen. Wir erfahren noch von einer Variante dieser Kampfart, die als Thorax-Ringen bezeichnet wurde. Diese Form benötigte einen Brustpanzer, der während des Ringens getragen wurde.

Vor dem Beginn eines Ringkampfes hatte sich jeder Teilnehmer seiner jeweiligen Gottheit zu weihen. Man stand vor einem Gegenstand bzw. Fetisch, der auf die Gottheit bezogen war. In den meisten Fällen handelte es sich um ein Gefäß aus Gold oder Silber, welches als Brennpunkt für die göttliche Energie diente. Seine Sinne zur Ruhe bringend, ließ der Ringer die Kraft des Gottes auf sich wirken, um sich zu stärken. Im Falle des Arias diente das Marmorstück zur Konzentration der Energie des Dionysos. Dies war eine ganz besondere Energie, die nur den Priestern und Propheten des Dionysos vorbehalten war. Arias hätte das Marmorstück überhaupt nicht nehmen dürfen.

Wir erfahren, daß diese Energie das Parestos jenes Menschen erhöhte, der als „strahlhaft" erachtet wurde (griech. διος); in einem Menschen, der diese Tugend nicht hatte, erweckte sie eher den Sinn für den Wert der Tapferkeit und steigerte seine physischen Kräfte. Auf jeden Fall trägt sie in so einem Menschen zu einem erhöhten Gefühl der αυτοφορια bei, ein Begriff, der benutzt wurde, um „Egoismus" auszudrücken.

In Bezug auf einen Ringer, der mit der Energie eines Gottes erfüllt war, erfahren wir diesen höchst ungewöhnlichen Ausdruck – εμβυλοπλοκα, welcher sich nicht wörtlich übertragen läßt. „πλοκα" wird von „πλεκειν" abgeleitet, was „weben" heißt. „βυλος", eine Dialekt-Variante des Wortes „βουλη", bedeutet normalerweise „Wille"; hier bezieht es sich auf die Energie der Gottheit, welche dem negativen Prinzip, das als „Stearas-Pluto" bekannt war, Widerstand leistet und ihrem Träger die Hitze der „Triounsis" verleiht – helle, feierliche Lichthaftigkeit. Fügt man diese Worte zusammen, so könnte es die Vereinigung des Tonos eines Menschen mit dem Urgrund göttlicher Energie bedeuten. Dies ermöglicht es dem Tonos, der negativen Schwingung zu widerstehen, welche aus der Freude an der Philoaptia resultiert. Bezüglich des Symbols des „Webens" geben uns unsere Quellen einen Hinweis auf Charon, der die Fähre über den Styx führte und auch unter anderem „Weber" des Dionysos genannt wurde. Charon wurde als derjenige betrachtet, der diese Vereinigung offensichtlich bewirkte. Es könnte sich auch auf eine Legende beziehen, in der Charon und Herakles eine Rolle spielen. Über Charon sagt man, er habe einst Herakles mit seiner Fähre über den Styx geführt, als dieser noch lebte, und sich somit den Tadel der Götter zugezogen.

Die physische Seite des Ringens war schlicht eine Technik des Schlagens und Greifens zwischen den Ringern, die ja ständig den subtilen Bewegungen und Führungen der Götter gegenüber wachsam waren.

Auf der psychischen Ebene treffen wir auf ein anderes einzigartiges Wort, das die Ringer und Schreiber benutzten – ΑϙΡΟΤΥΠΑ (aqrotypa), „Energiehieb" bzw. „point-blow". Bevor der eigentliche Kampf begann, erspürten die im Ring streitenden Parteien das Parestos des jeweiligen Gegners. Aqrotypa wurde vor der eigentlichen Kampfhandlung von einem Ringer benutzt, um das Potential des anderen zu beeinträchtigen oder zu zerstören. Es war ein psychischer Treffer vom Tonos des einen Ringers, projiziert auf den Tonos des anderen. Solche „Schläge" konnten recht heftig sein, und manchmal verletzten sie den psychischen Körper des anderen. Wie wirkungsvoll Aqrotypa sein konnte, erfahren wir in einer Episode, Alexander und Retris in der Schlacht bei Arbela betreffend. Während des Kampfes kam ein persischer Satrap auf Alexander zugeritten und traf ihn mit seinem Schwert. Er wollte noch einmal zuschlagen, als Retris, der den Vorfall rechtzeitig bemerkt hatte, plötzlich den Satrap mit Aqrotypa traf und ihn auf diese Weise tötete.

Die Ringer und Schreiber nahmen in der Regel nicht als Kämpfer an militärischen Auseinandersetzungen teil. Man sagte über sie, daß sie als Gruppe das „Eisen des Kriegsgottes" verachteten und es stattdessen vorzogen, mit „starken Armen und Beinen zu schlagen". In der Schlacht dienten sie als Fahnenträger und waren während des Kampfes als Signal-Korps-Einheit tätig, welche Kommandos und Signale von einer Kampflinie zur anderen weitergab.

Einer der interessantesten und auch erstaunlichsten Berichte, die wir über die Schreiber und Ringer hören, betrifft deren Beziehung zur mythologischen Gestalt des Joulos. Die Schreiber-Ringer wurden Κουροι του Ιουλου genannt (Jungen des Joulos). Mit diesem Hinweis auf Joulos sind wir in die Zeit des Trojanischen Krieges zurückversetzt. Von Qoros erfahren wir, daß Joulos der Sohn des Aunianpros war; dessen Bruder war Aineias, der trojanische Held der Antike.

Vor der endgültigen Zerstörung Trojas verließ Aunianpros Frau und Sohn und ging nach Akko, wo er bis zum Ende des Krieges blieb. In der Nacht, in welcher Troja vom Gemahl der Helene in Brand gesteckt wurde, entkam Aineias mit seinem Vater Anchises, Joulos, dem Sohn seines Bruders, zusammen mit der Frau des Aunianpros und seiner eigenen Frau. Sie flüchteten nach Akko, von wo die Familie mit einer Handvoll Überlebender nach Sparta übersetzte. Später schafften sie es, mit vier Schiffen nach Tyrrhenia zu segeln, wo sie sich schließlich in der Gegend von Mantua niederließen. Joulos blieb nicht in Tyrrhenia, sondern ging nach Gallien, wo er sich in einer Stadt namens Asterios ansiedelte, welche in der Nähe des heutigen Nizza gelegen war. Wir erfahren, daß man ihn dort als θεοαετος, einen „göttlichen Adler", bezeichnete. Die „Adler" waren eine Gruppe junger Männer, unter anderem aktiv im Widerstand gegen die Verbreitung von Münzen, deren Gebrauch sich nun im antiken Mittelmeerraum auszubreiten begann. Sie verurteilten die übermäßige Schätzung des Geldes, welche das Parestos und die Aretê eines Menschen vermindert. Wir hören, daß Joulos einst einer ihrer Lehrer war.

Wenn wir diesen Behauptungen hier Glauben schenken, dann sehen wir merkwürdige Zusammenhänge auftauchen, welche sich von Troja bis Makedonien erstrecken und auch gleichzeitig Italien und Gallien miteinbeziehen. Es scheint so, als haben wir es hier mit einer Geschichte zu tun, welche zu einer fernen, langvergessenen Tradition Makedoniens gehört. Mehr noch, Makedonien bewahrte eine Geschichte über den Trojanischen Krieg, die kaum bekannt war, wenn überhaupt, dann nur in den bedeutenden hellenischen Zentren im Süden. Dies mag wohl von der Tatsache herrühren, daß die Streitkräfte, welche nun wirklich am Konflikt mit Troja teilnahmen, mehr aus dem Norden kamen als von der südlichen griechischen Halbinsel. Diese Geschichte war auch Homer nicht bekannt. Auf jeden Fall aber war sie bis zu einem gewissen Grad Vergil vertraut, der Teile davon in seiner **Aeneis** benutzte.

Es war diese einzigartige Tradition, welche in so großem Ausmaß im Hintergrund stand und doch dazu bestimmt war, soviel Einfluß auf Alexanders Aktivitäten in Asien auszuüben.

Während seines Aufenthalts in Troja besuchte Alexander am Tag nach dem Streit mit Ganris das Denkmal des Patroklos, wo er zwei „glänzende Stiere" opferte. Anschließend gingen Alexander und seine Gefährten weiter zum Denkmal des Ptolemaios. Ptolemaios war ein griechischer Priester des Apollo, der, wie wir herausfanden, einst einem griechischen Lehrer und Propheten namens Eapas als Schreiber diente. Eapas wurde als ein θεοανηρ (Gott-Mensch) angesehen und genoß besondere „göttliche" Ehren wegen seiner δια, lichthaften Ausstrahlung. Beim Denkmal des Ptolemaios opferte Alexander drei silberne Becher, die er mit einem großen eisernen Hammer zertrümmerte. Sie waren Teil eines geheimen Lagers an silbernen Bechern, die Alexander beschlossen hatte zurückzubehalten, nachdem er all seine sonstigen Besitztümer an Freunde verschenkt hatte, bevor er gen Asien aufbrach. Diese Gefäße dienten einerseits kultischen Zwecken, andererseits auch als Preise für athletische Wettkämpfe, speziell für jene des Ringens.

Von dort ging Alexander hinüber zum Tempel der Athena in Troja, wo ihm ein archaischer Schild gegeben wurde, der auf die

Zeit des Trojanischen Krieges zurückging. Dieser Schild, so wird uns berichtet, gehörte einem Krieger namens Aqaras. Aqaras war ein Kappadokier, der die Seiten wechselte, um für die Griechen gegen seine früheren trojanischen Verbündeten zu kämpfen. Er zeichnete sich offenbar dadurch aus, daß er Aineias im Kampf verwundete und so über ihn triumphierte. Der Schild wurde von den Κουροι als Trophäe für den guten Verlauf des asiatischen Feldzuges aufbewahrt. Er sollte später durch einen Sturm bei Aornos zerstört werden.

Am späten Nachmittag wurden Spiele abgehalten, die sich bis in den Abend hinein fortsetzten. Wiederum waren es die „Kouri", die an diesen Wettkämpfen teilnahmen, welche sich aus Ringen, Rennen und Thorax-Ringen zusammensetzten. Es wurden auch religiöse Beschwörungen rezitiert und Gesänge aus Homers **Ilias** vorgetragen. An den Wettkämpfen nahmen auch einige Ringer-Schreiber teil, die bei den kommenden Ereignissen eine wichtige Rolle spielen sollten. Retris, der zu jener Zeit Alexanders Schreiber war, wurde vom Ares-Ringer Ganris besiegt und beim zweiten Durchgang noch einmal von einem Ares-Ringer namens Harpalos, der später während des Feldzuges Alexanders Schatzmeister werden sollte. Retris' Niederlage wurde wegen dessen Verwicklung in Ganris' Entlassung als Schatzmeister, als Zeichen der Mißbilligung des Kriegsgottes betrachtet.

Agamos, ein Dionysos-Ringer, triumphierte über Sarpauros, den Schreiber des Qrateros, wie auch über Ganris. Sein Sieg über Ganris wurde als Wendepunkt in den Wettkämpfen betrachtet, da er das Ergebnis zugunsten des Dionysos entschied; er wurde auch als günstiges Omen für den kommenden Feldzug gedeutet.

Am nächsten Tag brach Alexander auf, um zur Armee zurückzukehren und sich auf Wettkämpfe vorzubereiten, die in vieler Hinsicht eine seltsame Reprise des großen Dramas waren, dem er in Troja huldigte. Eingedenk der Bedeutung Trojas sollte er später auf seinen asiatischen Feldzug als das „dumme Töten eines neuen, verräterischen Troja" anspielen.

KAPITEL II
DER GÜRTEL DER ASTRAIA

Eine der eindrucksvollsten Bemerkungen von Alexander ist seine Anspielung auf Persien als ein „verräterisches Troja". Auch hier ist es nötig, etwas mehr über Alexanders besondere Sicht des Trojanischen Krieges zu wissen. So wie es uns erscheint, betrachtete er Persien als ein Land, welches ein göttliches Prinzip oder Mandat verraten hatte in der gleichen Art und Weise, wie es Troja einst tat. Wegen dieses Verrats war Persien eine Bedrohung gegenüber jenen Idealen, die die hellenische Zivilisation und besonders ihr junger Vorkämpfer, ihr neuer Achilles, zu erreichen bestrebt waren.

Persien war im Gegensatz zur herrschenden Meinung vieler jüngerer Geschichtsschreiber kein verfallenes Reich. Es war ein Koloß mit anscheinend unbegrenzten Mitteln, welche eingesetzt werden konnten, um Freund und Feind in gleicher Weise zu überwältigen. Viele Griechen, die aufgrund der mörderischen Kämpfe in ihrem von Streitigkeiten geplagten und zersplitterten Heimatland entwurzelt und verlassen waren, suchten Dienst und Förderung sowie Zuflucht und eine Heimstätte im persischen Reich. Persien war imstande, eine aufsehenerregende Vielzahl von Kulturen und Völkern zu absorbieren, ohne seinen monolithischen Charakter zu verlieren, welcher von vielen nicht als Fehler angesehen wurde, sondern als fester Anker in einem unsicheren Meer von Schwierigkeiten. Den Überlieferungen zufolge erfahren wir zu unserer Überraschung, daß der Durchschnitts-Grieche jener Zeit keinen ernsthaften Groll gegen das persische Reich hegte. In der Tat mögen viele ein beachtliches Maß an Respekt gegenüber persischem Reichtum und persischer Macht gehabt haben. In Makedonien aber begegnen wir schon eher einem Widerstand gegenüber persischer Gewalt und Umtrieben, der anscheinend nicht im selben Grad von den Süd-Griechen geteilt wurde.

Ein Grund könnte wohl gewesen sein, daß die Makedonen konservativere Werte aufrechterhielten als ihre Nachbarn im Süden, Werte, die in ein entfernteres Zeitalter gehörten und doch in der Abgelegenheit Makedoniens überleben und gedeihen hatten können. Nach Meinung vieler besorgter Griechen untergrub Persien die ursprünglichen Werte der hellenischen Kultur, denn Griechenland erlag dem neuen Anreiz des asiatischen Goldes und der Tyrannei. Daher ist es nicht ungewöhnlich, Wörter, wie ακολασια, τυραννις und πλεονεξια in den Schriften von Philosophen wie Platon und Isokrates, zu finden. Vergleichsweise dazu fallen im Kreis Alexanders solche Begriffe wie δεινοκρατια (Schreckensherrschaft) und φιλοαπτια, welche in Verbindung mit den Schwächen Asiens gebracht wurden und eine Bedrohung für das Gefüge der hellenischen Gesellschaft darstellten.

Die Leute, die zu Alexanders engerem Führungskreis gehörten, waren der Überzeugung, daß diese Schwächen die individuelle Seele durchdrangen, deren ethische Verwirrung nun die eigentliche Quelle der Unordnung war. In ihren Augen unterlag Asien einem Wertverlust, von dem die hellenische Kultur verschont bleiben sollte. Diese Leute suchten nun eine Gelegenheit, bei der sich die Moral regenerieren und die uralten Ideale erneuern konnten. Platon und der Kreis, der Alexander nahe stand, verfolgten bis zu einem gewissen Grad ähnliche Ziele hinsichtlich ihrer politischen Vorstellungen. Platons Bemühungen waren auf die Wiederherstellung der griechischen Gesellschaft durch die Tugenden der Philosophie ausgerichtet. Zweifellos hegte er den Traum von einem hellenischen Reich unter der Führung eines mächtigen Stadtstaates in der Form einer Förderation (εθνικη φρατρα)[1], ähnlich jener, über die wir in seinen **Gesetzen** lesen, bestehend aus den damals einflußreichen Städten Lakedaimon, Argos und Messene. Jede von ihnen wurde durch die göttliche „φρονησις" (Einsicht) regiert. Seine Föderation hätte durch den Geist der Akademie belebt werden sollen. Bis zu einem gewissen Grad wurden seine Ideen, was die ursprüngliche Struktur betrifft, nach seinem Tode durch die Bildung der Korinthischen Liga verwirklicht. Dies war natürlich weit entfernt von seinen erhabenen, philosophischen Absichten, den-

1 Der Begriff „ethnike phratra" (ethnischer Verein) kommt nirgends in Platons Schriften vor; Qoros verweist uns jedoch auf diesen Begriff, da er Platons Konzept einer Föderation zugrunde liegt.

noch bereitete sie die Bühne für Alexanders spätere Tätigkeit vor. In Gordion war es, wo die Ideen und Aspirationen dieser zwei Persönlichkeiten plötzlich zusammentreffen und verschmelzen sollten. Hier entfaltete sich eine Reihe von Ereignissen, die Platon zweifelsohne recht sympatisch gewesen wären.

So verschieden die beiden in ihren geistigen Zielsetzungen auch waren, so hatten sie doch eines gemeinsam, nämlich eine enorme Wertschätzung gegenüber der Aretê (αρετη).

Aretê ist ein Begriff, der schon immer eine hervorragende Stellung im griechischen Kulturleben gehabt hat. Aber bei Platon und später bei Aristoteles erlangte sie eine Bedeutung, die weit über die bis dahin herrschenden Vorstellungen von Tugend, Tüchtigkeit und Tauglichkeit hinausging.[2] Im Gefühl der Aretê, (wie es aus der „Prinzipienlehre" von Platon hervorgeht), erreicht jedes Ding seine beste Verfassung, welche das Ergebnis der Harmonie seiner Teile ist. Diese Aretê befolgt Normstrukturen, welche sich im reinen Astralbereich wiederfinden. Hier könnte man sagen, daß die Natur, oder vielleicht etwas genauer, das „platonische Sein" (το ειναι) das innere Spannungsverhältnis eines jeden Dinges abtastet und seine einmalige „Wirklichkeit" darin ausübt. In seinem optimalen Zustand weist Platons Konzept der Aretê auf die Anwesenheit der „Ideen" (ειδη) in den einzelnen Dingen hin. In dieser Hinsicht war es Platon, der eine wesentliche Beziehung zwischen Sein und Wert erkannte.

Er sah, daß dieser wesentliche, ideelle Kern in allen Dingen einen Wert darstellt, der nicht von außen kommt oder abhängig bzw. beeinflußbar ist von den übersteigerten, vergänglichen Launen und Meinungen des Menschen. Dieser Wert ist gegenwärtig im Wesen eines Dinges und erlaubt es ihm dann, eine besondere Tauglichkeit und Vortrefflichkeit (αρετη) zu besitzen, welche seine transzendentale Herkunft reflektiert. Jedes Ding hat ein geistiges Zentrum als Mitte zwischen den Extremen. Diese Extreme stellen im Grunde genommen Überschuß (υπεροχη) und Mangel

2 Siehe H.J. Krämer, Aretê bei Platon und Aristoteles, Heidelberg, 1959.

(ελλειψις) dar.[3] Wie Krämer hinwies, bildet das Mittlere nach zweierlei Richtungen die Grenze gegen Überschuß und Mangel.[4] Im Zustand der Aretê werden die Energien, die leicht dazu neigen, von einem Extrem in ein anderes zu fallen, im Gleichgewicht gehalten. Wie wir sehen, verbindet diese Form des Denkens die Lebenswelt mit der transzendenten Ordnung der „αρχαι" (Urformen) und qualifiziert sie als ethisch begründet. Die Lebenswelt war nicht darauf angewiesen, ihre ethischen Werte von den Vorstellungen und Meinungen des Menschen abzuleiten, sondern sie erhielt diese von ihrer schöpferischen Quelle. Im Zustand der Aretê empfinden wir Harmonie, Ordnung und, wenn man so will, die „Wirklichkeit", wie sie sein soll.

Aretê war nicht nur auf die Seinslehre begrenzt, sondern gelangte in das gigantische Reich der Psyche. Rechtes Denken und rechtes Tun halfen der Seele, Aretê zu erlangen und dadurch eine ομοιωσις τωι θεωι, das „Angleichen an Gott". Platon war nicht der Urheber jener Ideen, die eben erwähnt wurden, sondern wir erfahren, daß er diese sowohl von seinem Lehrer Sokrates erhielt, als auch von einem pythagoräischen Mathematiker und Philosophen namens Archytas von Tarent, den Platon gut kannte. Pythagoräisches Gedankengut war dazu bestimmt, einen dauerhaften Eindruck auf seine eigenen Ideen zu machen.

Dies ist eine Tatsache, die es zu berücksichtigen gilt, wenn wir ihn studieren wollen. Unsere Quellen weisen darauf hin, daß Pythagoras schon in Arethousa auf Sizilien mit den psychischen Aspekten der Aretê vertraut war, bevor er nach Ägypten reiste, wo er sich viele Jahre aufhielt, um sich dann schließlich in Kroton niederzulassen.[5] In Ägypten blieb er am Hof des Pharao Amasis und diente diesem als „stolas Tara", Prophet des Taras. Taras war ein samischer Geistesdiener in Heliopolis, der Araras bekämpfte und besiegte. Araras war ein „halyscher" Prophet aus Ephesos, der am Hof des

3 ebd. 159.

4 ebd. 254.

5 Pythagoras verbrachte 15 Jahre in Aun (Heliopolis).

Amasis tätig war. Er wollte Taras' Energie blockieren – wobei Taras ihn dann zum Kampf herausforderte und durch –ΙΑΡΥΠΑ (Energiehieb) besiegte. In Ägypten erfuhr Pythagoras weitere Verfeinerungen sowie tiefere Erläuterungen über das Konzept der Aretê. Hier entdecken wir den Begriff 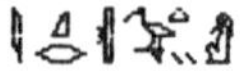 (aqar Tahuwtey), die „Tugenden des Thot", welche sich mit seinen Ideen vergleichen lassen, oder etwas genauer: 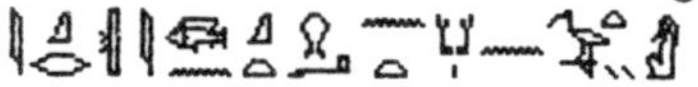 (aqar anaqa int ko in Tahuwtey), am besten übersetzt mit „vortrefflicher Vereinigung der Seele mit Thot". Der ägyptische Gott Thot war der große Wesir des Hochgottes. Er war der Herr der Weisheit und Gesetzgeber. Die Griechen identifizierten ihn üblicherweise mit ihrem Hermes. Thot war der göttliche Patron der Schreiber und der Weisen. Die Bezeichnung , mit welcher der Eingeweihte ausgezeichnet wurde, war nicht nur großen Meistern der Weisheit vorbehalten, sondern es war das Recht eines jeden, der die Kräfte und Tugenden der Seele erlangen konnte, ein 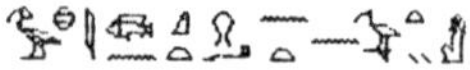 (achouw anaqa int Tahuwtey) genannt zu werden – „ein verklärter Geist in Hinsicht auf die Vereinigung mit Thot". Es gab also in der antiken Welt eine Verbindung zwischen Tugend und dem Erwerben der göttlichen Energie. Ein Mensch mit Aretê konnte so ein Verbündeter und Freund der Götter werden.

Platon erwähnte diese Theorien, welche er von den Pythagoräern übernommen hatte, in keinem veröffentlichten Werk. Wie auch immer, bildeten sie ein „Corpus", bekannt als die αγραφα δογματα, die ungeschriebene Lehre. Aristoteles war mit dieser durch Speusippos vertraut. Seine **Nikomachische Ethik** bezeugt das hohe Maß seines Könnens, das er nutzte, um eine Anzahl dieser aporretischen Lehren darzustellen.

Wir erfahren, daß Aristoteles dieses Wissen an Raton weitergab, die eine von Alexanders Lehrern in Mieza war. Alexanders Wertschätzung gegenüber der Aretê war nicht allein abhängig von den Lehrern des Platon und Aristoteles, sondern er verdankte diese auch den Geschichten, die er in Verbindung mit den Ereignissen um den Trojanischen Krieg gehört hatte. Hier wieder war Raton seine Lehrerin gewesen.

In den Geschichten über den Trojanischen Krieg finden wir die ursprüngliche Quelle der Ideen, die Alexanders Seele entflammten und ihr die unbezähmbare Kraft verliehen, jene Ziele zu verwirklichen, die er anvisierte. Das Zeitalter Alexanders war in verschiedener Hinsicht eine Renaissance der Ideale, welche die Ereignisse des Trojanischen Krieges umgeben hatten. So besehen, könnte Lorenzo de' Medici's Devise „Le temps revient" zu Alexanders Einstellung gegenüber den Herausforderungen passen, welche vor ihm lagen. Für ihn sollte es die Wiedergeburt eines vergangenen Zeitalters, die Wiedereroberung einer verlorenen, einst glorreichen Vision sein.

Unsere Quellen berichten, daß Alexander von Aristoteles einen Text über die Geschichte des Trojanischen Krieges erhielt, von dem einstige Historiker glaubten, es sei eine besondere Kopie von Homers **Ilias** gewesen.

Aristoteles bereitete den Text vor, doch Raton, die Tochter des Artemidoros von Athen, war die eigentliche Verfasserin. Aristoteles bat Raton, sich ihm als Lehrerin in Mieza anzuschließen. Wir hören, daß Raton dort nur zwei Schüler unterrichtete, Alexander und Asaqas; letzterer sollte später Schreiber des Ptolemaios werden. Es war Raton, die Alexanders besonderes Interesse am Trojanischen Krieg erweckte. Das Werk, das Alexander zu lesen bekam und das von ihm hoch geschätzt wurde, war eine äußerst unorthodoxe Vers-Geschichte über die Geschehnisse, die zum Krieg und schließlich zur Zerstörung Trojas geführt hatten. Es trug den ungewöhnlichen Titel: αψιλη κτησις της κυνιας „Infame Erwerbung des Kelches". Dieses Werk wurde speziell für Alexander vorbereitet ansonst aber geheim gehalten. Wie wir erfahren, wußten auf dem Feldzug folgende Männer darüber Bescheid: Ptolemaios, Staras, Agamos, Enopros, Halynos und der „Feuerheiler" Aristokles; von diesen hatten vier Zugang zu dem Werk: Agamos, Halynos, Enopros und Aristokles.

Es wird berichtet, daß Troja eine mächtige Stadt am Skamandros war. 45 Jahre vor dem Ausbruch des Krieges wurde dort ein Währungssystem eingeführt und in Umlauf gebracht, dessen Urheber Phousa war, der Tauronomos des regierenden Königs zur damaligen Zeit. Der Tauronomos war ein mächtiger Majordomo, dessen Pflichten auf militärischem und religiösem Gebiet lagen, und der auch der anerkannte Legat eines Gottes war. Phousa war der Tauronomos des Gottes Staqoras, der unseren Berichten zufolge einem Gott namens Daepnos zugeordnet wird, einer Form des Apollo. Älter noch als Phousas Neuerung waren besondere Gegenstände, die im Austausch für Güter benutzt werden konnten. Diese waren entweder gewisse Steine aus Quartz oder Metallgegenstände aus Gold, Silber und Kupfer sowie Zweige des Pappelbaumes, welche zur Heilung von Krankheiten benutzt wurden. Neben diesen Zahlungsformen führte Phousa dreieckige Stücke aus Elektron ein. Diese wurden „tonaras" genannt und waren äußerst wertvoll. Man entnahm diese einem Block Elektron, welcher als Vorbeugungsmittel gegen Diebstahl angesehen wurde. Diebe wurden an diesen Block gebunden in der Hoffnung, daß sie, indem man sie dem Elektron aussetzte, von ihren schlechten Gewohnheiten gereinigt würden.

Tonaras wurden wegen ihrer Abwehrkräfte geschätzt, da diese vor Schäden an Besitz und Gräbern schützten. Ihre Menge war klein, der Wert jedoch entsprechend sehr hoch; deshalb wurden sie als Auszeichnung für besondere Taten vergeben. Ein Beispiel, um aufzuzeigen, wie wertvoll diese Tonaras waren: Ein „tonis" war 33 Pferde wert; mit einem Tonis konnte man zwei Häuser erwerben; es war weiters 25 Kühe wert, aber nur einen Stier. Auf jeden dieser „tonaras" war das bärtige Antlitz des Gottes Daepnos mit einer phrygischen Mütze eingraviert. Daepnos stellte die Kräfte einer aufgeklärten Quelle dar und wurde als Patron der Künste und Handwerke erachtet. Dieses System erwies sich für viele Jahre als wirkungsvoll.

15 Jahre später waren in Sardis Gold- und Silbermünzen als Zahlungsmittel für Güter und Dienstleistungen in Umlauf gebracht worden. Parallel dazu gibt es einen ungewöhnlichen Mythos über den Ursprung des Geldes. Der Gott Daestesis – er wird als dessen

Urheber angesehen – ermutigte Prometheus dazu, die ersten „Münzen des Daestesis" herzustellen. Die Götter wollten das Wertsystem des Menschen revidieren. Früher, vor der Erfindung der Münzen, war der Transfer und Austausch von Gütern unter den Menschen von einem rauhen Gefallen an Kraft, manchmal auch Gewalt begleitet. Prometheus war der göttliche Held, der diese notwendige Revision herbeiführte, indem er Daestesis' Anregung umsetzte.

Drevesis, der mit Pluto identifiziert wurde und interessanterweise ebenfalls mit Triptolemos, wurde zum Gott des Geldes. Drevesis erfand ein Abschreckungsmittel zur deinokratischen Zerstörung der Werte, indem er die Menschen anwies, Münzen als Zahlungsmittel für die Güter des täglichen Lebens zu betrachten. Das Geld wurde zum notwendigen Mittel zur Erleichterung des gerechten Austausches von Gütern und Dienstleistungen und half somit unermeßlich bei der Entwicklung der Zivilisation und Kultur sowie beim allumfassenden Fortschritt der Menschheit.

So, wie die Dinge ihren Lauf nahmen, begann einige Jahre nach der Erfindung des Prometheus der Mißbrauch des Geldes, denn es wurde das Mittel an sich, ein Instrument von Macht, Profit und Egoismus. Der Gebrauch der Gold- und Silbermünzen wurde auch in Troja eingeführt, wo er zu einem Ärgernis wurde. 21 Jahre nach Phousa begannen sich Zeichen der Entartung durch den Mißbrauch des Geldes in ganz Troja zu vermehren. Die Mächte der Deinokratie fingen nun an, den Widerstand Trojas gegenüber den neuen Verlockungen rauher, gottloser Münzen zu zermürben.

Es wird von einem Mann namens Ineras berichtet, der zu dieser Zeit in Troja zu Ruhm gelangte. Er wurde als mächtiger Prophet betrachtet, der versucht hatte, das Wertsystem dieser Stadt zu reformieren. Vor seinem Aufstieg zu einer wichtigen Persönlichkeit in Troja verbrachte Ineras vier Jahre in der ägyptischen Stadt Soknopaiou Nesos in Fajum, wo er mit dem System der „qaruya" vertraut wurde. Qaruya, geschrieben 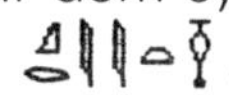, scheint in keinem altägyptischen Wörterbuch auf. Es wird uns berichtet, daß dieser

Begriff soviel wie „Strahlkraft" bedeutet und sich auf die Aretê bezieht. Ein anderes ägyptisches Wort, das mit Qaruya entfernt zusammenhängt, heißt  (ḥazauwa), was „Lobpreisung" oder „Gunstbezeugung" bedeutet. Mit Betonung auf dem letzten Wort hören wir den Ausdruck 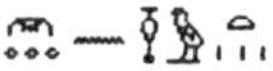 (noub en ḥazauwa), „Gold der Gunst", eine Praxis, die die Auszeichnung durch Gold wegen hervorragender Taten vorsieht. Unsere Quellen berichten, daß „noub en hazauwa" aber auch als Anerkenung für zunehmende Tugendhaftigkeit verliehen wurde. Das ist es, was man unter Qaruya verstand, und dieses System sollte Ineras in Troja einführen. Zu diesem System aber gab es eine wesentliche Neuerung, welche offenbar nicht in Ägypten praktiziert wurde. Münzen wurden von einer Gottheit energetisch geladen, und diese Energie war es, die sie wertvoll machte. In derselben Art und Weise wurden nicht nur Münzen aus Gold und Kupfer, sondern auch kostbare Steine und goldene Scheibchen energetisiert und für verschiedene Zwecke verwendet. Sie fanden nicht nur als gerechtes Zahlungsmittel für Güter und Dienstleistungen Verwendung, sondern entsprechend der göttlichen Energie auch als Mittel, um die Fruchtbarkeit zu erhöhen, physische Stärke zu steigern und den Kontakt mit einer Gottheit zu erleichtern. Der Wert dieses Systems lag darin, daß der Schwerpunkt menschlichen Bemühens auf den Erwerb von Aretê konzentriert werden konnte, und nicht darin, die Ansammlung persönlichen materiellen Profits zu erreichen. Das Maß des Wertes eines Mannes war Aretê, durch sie konnten seine materiellen Bedürfnisse gesichert werden. Dies war es dann, was Troja in der antiken Welt aufragen ließ. Troja wurde zu einem strahlenden, leuchtenden Beispiel für andere griechische Städte. Städte, die von Trojas Wertsystem beeinflußt wurden, waren das argive Sparta, Athen und Tiryns. Dies war nun die Zeit des Ganymedes, eines der mächtigsten Propheten Trojas. Troja wurde also zum Verfechter einer neuen Wertordnung, und die Enttäuschung war groß und bitter, als es stürzte.

Drei Jahre vor dem Ausbruch des großen Krieges wurde Paris zum Tauronomos des Königs Priamos von Troja. Zur gleichen Zeit hören wir von Zwietracht innerhalb der Stadt seitens jener, die dem Weg des materiellen Gewinns (tropos tou kyrous) zugetan waren, und jenen, die das neue System der Ver-„tugend"-lichung (Vertuisierung) von Gütern und Dienstleistungen (tropos tis aras) unterstützten, das von Ineras gegründet worden war. Paris wurde immer mehr zum Befürworter von „kyros". Zwei Jahre vor dem Ausbruch des Krieges begab sich Paris nach Olympia, um an einem religiösen Fest teilzunehmen. Hier nun war es, wo er Helene, die Frau des Tauronomos von Sparta, kennenlernen sollte. Der damalige König hieß Areus, und sein Tauronomos war Aupretqas oder Menelaos aus der **Ilias.** Paris war von ihrer Schönheit überwältigt, und sie ihrerseits von ihm gänzlich angetan. Einige Monate später sollten beide Gelegenheit haben, sich noch einmal wiederzusehen, dieses Mal im argiven Sparta, wo Paris sich aufhielt, um an athletischen und musischen Spielen teilzunehmen. Auf seiner Reise nach Sparta wurde er von Restonos (eigentlicher Name „Rastunas") begleitet, einem tapferen Krieger und Wettkämpfer, der identisch war mit Laocoon aus Vergils **Aeneis.** Restonos sollte eine große Rolle im kommenden Konflikt mit dem griechischen Festland spielen.

Restonos war ein Befürworter der „ara", blieb aber Freund und Gefolgsmann des Paris. Während der Spiele überreichte Paris Aupretqas einen Gold- und Silberbecher, den dieser später seiner Frau als Geschenk übergab. Dafür beschenkte Aupretqas Paris mit einer größeren Menge Gold. Bevor er nach Troja zurückreiste, entführte Paris Helene. Eigentlich war es keine Entführung im normalen Sinn des Wortes, denn sie ging freiwillig mit ihm weg. Restonos mißbilligte diese Handlungsweise, nahm aber dennoch den Wunsch seines Freundes hin.

Wir erfuhren, daß Restonos einige Monate nach der Entführung wieder in Sparta auftauchte, diesmal kam er mit Astyanax, dem Sohn des Hektor. Obwohl Aupretqas auf Restonos und Astyanax ärgerlich war, tat er nichts, um sie aufzuhalten. Sparta war zu jener Zeit bekannt als Zentrum für die Herstellung besonderer, göttlicher

Kelche, die einem Gott geweiht waren, der später Dionysos genannt werden sollte. Diese waren Gefäße, die die Energie des Dionysos enthielten. Restonos und Astyanax reisten dorthin, um sich eines dieser Gefäße zu beschaffen in der Hoffnung, die sinkenden Energien ihrer Stadt zu erneuern und das Werk, das Ineras einst geschaffen hatte, zu retten. Ineras hatte um diese Zeit Troja wegen dessen moralischen Verfalls verlassen. Wir erfahren, daß er nach Kreta ging und in den Städten Knossos und Gortyn verweilte. Der Kelch, den Restonos und Astyanax vom griechischen Festland zurückbrachten und der zum Mittelpunkt der erneuerten Vitalität der Stadt werden sollte, war das „Palladium", von dem Vergil in seiner **Aeneis** sprach. Eine spätere Legende berichtet von Ereignissen, die auch aus dieser Epoche stammen und die schwere Entscheidung des Paris zum Inhalt haben, welche Göttin die schönste sei: Hera, Athena oder Aphrodite. Indem er Aphrodite als die schönste wählte, umarmte Paris die leuchtende Illusion des „kyros". Athena verkörperte die strahlenden Kräfte der Aretê, so wie Ineras diese gegründet hatte, und Hera war der neue Kelch, der Mittelpunkt und Herd der Vitalität Trojas – Prinzipien, die Paris später verschmähen sollte.

Die Macht des Kelches vermochte das angeschlagene Geschick der Stadt sieben Monate lang zu verbessern. Danach wendeten sich die Dinge wieder zum Schlechteren. Die Stadt wurde noch einmal von jenen zerrissen, die für die übermäßige Wertschätzung und den zügellosen Erwerb von materiellen Reichtümern waren, und jenen, die noch immer die Aretê als die Quelle des Wertes und der Verdienste eines Mannes betrachteten.

Während dieser Zeit verließen die beiden Propheten Araios und Ganymedes Troja für immer und überließen es dem eigenen Schicksal. Während Ganymedes nach Kreta reiste, wo er sich mit Ineras in Knossos wieder treffen sollte, ging Araios nach Nordmakedonien, wo er zwei Jahre blieb, bevor er nach Gallien weiterreiste. Er siedelte sich in Asterios an, nahe dem heutigen Nizza, wo er schließlich der Lehrer des Joulos wurde, des Sohnes des Aunianpros.

Trojas letzte Stunden näherten sich. Es wird erzählt, daß in Thessalien ein mächtiger Krieger-Priester lebte, den die **Ilias** als Achilles identifiziert, und der den Titel „sanropeus" führte, im Süden als „wanax" bezeichnet. Ein Sanropeus war ein mächtiger Krieger und Anführer, der auch als Träger eines erleuchteten Wissens angesehen wurde. Achilles wurde von Zeus befohlen, den Kelch wiederzugewinnen und die Trojaner wegen ihrer übermäßigen Wertschätzung des Goldes zu bestrafen. Helene war nicht der Hauptgrund des Krieges. Es dauerte vier Monate, bis Achilles es schaffte, ein Heer für den Feldzug aufzustellen. Elf Städte antworteten auf seinen Aufruf, auch das argive Sparta, dessen Streitkräfte von Aupretqas angeführt wurden. Der mächtigste Anreiz für die Städte, die angetreten waren, um gegen Troja Krieg zu führen, war die Aussicht auf Raub und Beute.

Der Krieg dauerte vier Jahre mit wechselndem Glück für die jeweiligen Parteien. In einer Episode erfahren wir vom Wunsch des Achilles, daß Paris gegen seinen Tauronomos, Akopas, kämpfen solle. Paris zeigte sein Einverständnis, indem er Hektor schickte, um gegen Achilles' Tauronomos zu kämpfen. Hektor erschlug ihn, und wurde vier Wochen später selbst von Achilles erschlagen. In einer anderen Episode kämpfte Restonos gegen Achilles und verwundete ihn ziemlich ernst. Restonos selbst wurde später von Rasas, dem Vorkämpfer des Achilles, verletzt.

Restonos war eine ungewöhnliche Persönlichkeit, denn er war offensichtlich in seiner Loyalität recht gespalten. Grundsätzlich unterstützte er die Prinzipien, die Achilles verkörperte, und doch leistete er ihm Widerstand aus Ergebenheit dem Paris gegenüber.

Im 3. Jahr des Krieges wurde Paris von Achilles getötet, und Troja kam unter die Führung von Raekmas, dem Freund und Vertrauten des Priamos. Im letzten Jahr der Auseinandersetzung befahl Achilles, die Statue eines Pferdes anfertigen zu lassen. Das Pferd war ein Symbol des Kriegsgottes und wurde aus Elektron hergestellt. Man bot es den Trojanern im Austausch gegen den berühmten Kelch an. Mit so einem Angebot beabsichtigte Achilles, daß sich die

Trojaner selbst Schaden durch ihre Neigung zur übermäßigen Gewinnsucht zufügen sollen, weswegen die Götter sie bestrafen und am Ende zerstören würden. Man war mit dem Tausch einverstanden. Die Griechen erhielten den Kelch, das Palladium von Troja. Troja nahm das Pferd aus Elektron an, welches später in Scheibchen geschmolzen wurde. Restonos, den man zum Tauronomos nach dem Tod von Paris ernannt hatte, verwahrte sich gegen die Annahme des Pferdes, doch ohne Erfolg. Er sah die Gefahren klar, die das Pferd für seine Stadt darstellte, denn es handelte sich um ein minderwertiges Elektron, das die „ara" beeinträchtigte. Es bedeutete nicht nur das Zunichtemachen seiner eigenen Bemühungen, Troja zu reformieren, sondern auch seine wahrscheinliche Zerstörung. Auf Restonos' Rat hin übergab man Helene, die zu dieser Zeit Troja nicht verlassen wollte, den Griechen. In der Einsicht, daß seine Stadt dem Untergang geweiht war, entschied er sich ca. einen Monat später, Troja mit einigen anderen zu verlassen, die so wie er dem Kurs Widerstand leisteten, den die Stadt eingeschlagen hatte. Er lebte eine Weile in der Nähe von Gordion, später begegnete er Aupretqas nahe Halikarnassos anläßlich von Spielen, die zu Ehren eines Gottes abgehalten wurden, den man in Ägypten Ausar (Osiris) nannte. Restonos siegte über Aupretqas bei einem Adler-Flug-Wettbewerb. Aupretqas konnte das nie vergessen und rächte sich. Wir hören, daß Restonos in Ankyra getötet wurde: Gaupras, ein Agent des Aupretqas, setzte an einem Abend eine ägyptische Kobra in Restonos' Bett aus, die ihn tödlich biß.

Achilles, der den Kelch zurückbekommen hatte, brach den Feldzug drei Monate später ab und kehrte nach Thessalien zurück. Aupretqas blieb zurück und zerstörte die Stadt schließlich, indem er sie in Brand steckte.

Eine der merkwürdigsten und vielleicht aufregendsten Tatsachen, die wir aus unseren Quellen erfahren, ist der Einfluß der Lehren des Ineras auf das, was später als Zoroastrismus bekannt wurde. Ineras' Ideen erfreuten sich einer beachtenswerten Ausbreitung sowohl in Nordgriechenland als auch in Kleinasien. Während der Jahre seiner Reformtätigkeit verbrachte er über ein Jahr in Nordgriechenland sowie in Makedonien. In Thessalien, so erfahren wir, blieb er vier Monate als Lehrer des Achilles. In der Tat wird gesagt, daß er Achilles dort erleuchtete. Ineras wurde später in der griechischen Überlieferung als der Kentaur Cheiron identifiziert.

In Kleinasien beeinflußten die Ideen, die man in Verbindung mit Ineras brachte, später die religiösen Gedanken des „Spatamos"-Zarathustra, dessen Ideale eine wichtige Rolle unter der Herrschaft von Kyros dem Großen spielten.

Die iranische Vorstellung von „hwaranah" (Glücksglanz) ist mit dem von Ineras geprägten Begriff „eapas" gleichzusetzen, welcher von Alexander und seinem Kreis als „aretê" verstanden wurde. Zarathustras Idee von „arta" wurde von Alexander als die griechische ευδαιμονια „Glück", „Wohlstand" (Δικη ist auch möglich) aufgefaßt. Die altpersischen „fravashi's" wurden als Kentauren oder „svasaras", wie sie von den Makedonen bezeichnet wurden, angesehen. So besehen, verwundert es nicht, daß Alexander sich selbst als Nachfolger des Achilles betrachtete.

Er hatte definitiv eine Vorahnung von diesen Geschehnissen, bevor er seinen Fuß auf Asien setzte, und diese Vorahnung sollte sich später in Gordion auf so beeindruckende Weise herauskristallisieren.

KAPITEL III
DER KNOTEN DER CHARITINNEN

Gordion am Sangarios sollte eine wichtige Rolle spielen in Hinsicht auf jene Ereignisse, die Alexanders Zukunft formten. Gordion lag nahe einer Straßenkreuzung, nämlich dort, wo die Hauptstraße eine kleinere kreuzte, die von N-O nach S-W verlief. Wie so viele damals, waren auch diese Straßen nicht im besten Zustand, Löcher und Sträucher sorgten für ständige Unannehmlichkeiten.

Trotz allem schien nun ausgerechnet Gordion ein Knotenpunkt zu sein für so viele Geschehnisse, die den Verlauf dieses gigantischen Feldzuges so geheimnisvoll bestimmen sollten.

Den traditionellen historischen Berichten zufolge war es an diesem Ort, wo die Truppen des Parmenion sowie Rekruten von Makedonien hier mit Alexander und seiner Armee zum Zweck weiterer militärischer Operationen zusammentrafen.

Nicht bekannt dagegen war jene erste Begegnung zwischen zwei ungewöhnlichen Männern, die später eine schicksalsträchtige Rolle in Alexanders Leben spielen sollten. Einer von ihnen war Halynos, Sohn des Adraras aus Halikarnassos, ein Schreiber und Forscher; der andere Aristokles, ein Schreiber und „Feuerheiler" d.h. ein Spezialist für okkulte Energien, aus einem kleinen Dorf westlich von Pella stammend – Ginuqa, 5 km von dem gebirgigen Gaubezirk Orestis entfernt. Diesem Mann sollte es nun vorbehalten sein, Alexanders Ruhm mitzugestalten sowie auch an seinem so frühen, geheimnisumwobenen Untergang beteiligt gewesen zu sein.

Wir erfahren, daß zur Zeit Alexanders die Stadt Gordion etwas mehr als 600 Einwohner umfaßte. Es ist die Rede von vier Tempelanlagen, von denen sich drei außerhalb der umgebenden Mauer befanden. Die Landwirtschaft vermochte den größten Teil der Bedürfnisse des täglichen Lebens zu decken. Persische Offiziere waren in drei der damals fünf Hauptgebäude, die als Staatsquartiere dienten, untergebracht.

Hier nun war es, wohin man Aqos, den Kommandeur der Rora-Armee, die sich unter Sokrates bei der Schlacht von Granikos verdient gemacht hatte, mit 500 Mann („peltastai" und „prodromoi") hinschickte, um die Gegend auszukundschaften und Alexander Meldung über etwaige Truppenbewegungen auf persischer Seite zu erstatten. Zu dieser Zeit hielt sich Alexander in Phaselis auf. Dort hoffte er, auf die makedonischen Rekruten zu treffen. Er legte Aqos nahe, auch nach diesen Truppen Ausschau zu halten. Während jener Zeit hatte Alexander erwartet, sich mit Astos in Qaunos zu treffen. Doch dieser schickte schon einen Boten aus nach Phaselis, um ihm ein Treffen etwa drei Monate später weiter im Norden vorzuschlagen. Schon zwei Tage, nachdem ihm dieser Vorschlag des Astos übermittelt worden war, verließ er Phaselis, um gen Norden aufzubrechen. Bei Kelainai traf er auf einen Kundschafter des Aqos, der ihm nun mitteilte, daß die Gegend um Gordion ungewöhnlich ruhig und bar jeglicher persischen Aktivität sei. Daraufhin entschied sich Alexander zu einem Marsch nach Gordion, um dort ein Zusammentreffen mit seiner Armee zu arrangieren.

Am 28. September traf Alexander mit fast 4.000 Mann in Gordion ein. Sein eigenes Quartier wurde süd-östlich der Stadt – nicht weit vom Tempel des Attis – aufgeschlagen. Hier nun soll es gewesen sein, wo sich der sagenumwobene Wagen mit dem Gordischen Knoten befand. Vieles würde sich ereignen in diesen vier Monaten, die er hier verbringen sollte.

Unsere Quellen geben drei Beweggründe für Alexanders Entscheidung an, nach Gordion zu kommen. Erstens war er fest entschlossen, Astos und die vom Schwarzen Meer kommenden Rekruten hier zu treffen. Unter anderem beabsichtigte er auch, eine günstige Stelle auszumachen, wo seine Armee den Halysfluß überqueren könne; darüber sollte ihm Aqos' Kundschafter Botschaft bringen. Der dritte Grund war, Gaupras zu finden, weil er ihn vor Gericht stellen wollte. Gaupras, ein makedonischer General, der unter Attalos diente, hatte die Seiten gewechselt und unterstützte nun die Perser. Obwohl er zusammen mit den Persern in der Schlacht von Granikos besiegt wurde, gelang es ihm dennoch, mit seinen Feindseligkeiten gegen die Makedonen weiter fortzufahren. Alexander hörte von Gaupras' Operationen in dieser Gegend und wollte ihn fassen. Gaupras wurde Ende September gefangen und vor Alexander geführt. Alexander gab ihm noch einmal die Chance, sich mit ihm zu verbünden – doch Gaupras lehnte ab und wurde nach Griechenland verbannt.

20. Oktober – Halynos von Halikarnassos traf in Gordion zusammen mit seinem Bruder Ranos und zwei anderen Gefährten, einem Schreiber namens Qaunos und einem Heiler, genannt Qapastos, ein. Halynos, von dem schon einmal die Rede war, war ein weithin bekannter Wissenschaftler in Kleinasien. Er konnte sehr wohl als universaler Mensch für seine Zeit betrachtet werden, denn er war Historiker, Philosoph, Naturwissenschaftler, Erfinder, Schreiber und Dolmetscher. Er sprach Griechisch, Persisch und beherrschte zwei kleinasiatische Dialekte. Auch machte er als Autor einer wissenschaftlichen Abhandlung mit dem Titel: περι γεας Αλυος von sich reden, in welcher Halynos nicht nur eine Beschreibung des Halysflusses bot, sondern sich auch für den Bau einer Brücke sowie eines Dammes durch einen zypriotischen Ingenieur namens Eupanos von Tauros aussprach. Alexander hatte schon von Halynos gehört und nutzte die Gelegenheit, ihn mit einer Eskorte zu ehren, die ihn in die Stadt geleitete.

Halynos und seine Gefährten wurden als Gäste von Sangrasau, dem „rigamenos" oder Gouverneur, empfangen. Schon am selben Abend hieß Alexander sie bei einem Bankett in der Residenz von Sangrasaus Tochter Setrona willkommen, die einem hohen Beamten der Stadt als Schatzmeisterin diente. Halynos und seine Gefährten wurden als mehr denn nur gewöhnliche Gäste betrachtet. Sie wollten sich Alexander anschließen, um an jenen Ereignissen teilzuhaben, die nun den Lauf der Geschichte ändern sollten. Am folgenden Tag begab sich Halynos zu Alexander mit der Bitte um eine Position für sich und seinen Bruder. Alexander schien eher auszuweichen mit der Antwort, nichts anbieten zu können, was ihren Talenten würdig wäre. Qaunos und Qapastos erging es in der Zwischenzeit besser; sie fanden Anstellung in Alexanders Gefolge. Wir hören, daß Setrona später aus undurchsichtigen Gründen ihren Einfluß gegen Halynos geltend machte. Sangrasau ergriff jedoch Partei für ihn und zeigte sich entschlossen, bei seiner Anstellung hilfreich zu sein.

Am nächsten Tag trafen sie sich beim Schatzhaus, welches von Rapas, dem Liebhaber der Setrona, verwaltet wurde. Auch sie war bei dieser Gelegenheit anwesend. Alexander befand sich im Inneren des Gebäudes, um für die Festlichkeiten zu zahlen, die er die Nacht zuvor Halynos zu Ehren hatte bereiten lassen. Halynos und Sangrasau entschuldigten sich bei Setrona und traten zu Alexander hinein. Da Araresqos, ein Wächter Alexanders, Halynos nicht vorbeilassen wollte, trat dieser unangemeldet ein, ohne ihn und Notris zu beachten, der zu jener Zeit Ganris als Schatzmeister ersetzte. Sie gingen in die Kammer voraus, in der sich Alexander befand. Sangrasau erzählte Notris kurzerhand, daß Halynos ein „daliqevos", Dolmetscher der Meder, war und bat Retris, vom Schreibtisch aufzustehen. Mit Genugtuung nahm Halynos den „qalamos", eine Schreibfeder, an sich und begann unverzüglich mit erstaunlichem Geschick, persische Depeschen zu schreiben. Alle waren überrascht und beeindruckt von seiner Darbietung, außer Aristokles, der zu jener Zeit Alexanders Schreiber war und in Halynos eine Bedrohung seiner eigenen Stellung sah. Es wurde offensichtlich eine günstige Vereinbarung getroffen, da Halynos zum Schreiber des Retris sowie zum Sekretär des Aristokles ernannt wurde. Im Laufe der Zeit sollten sie sogar zu sehr guten Freunden werden. Später sollte sich Qaunos, der als Schreiber Retris, Deinokrates und Sokrates gedient hatte, auch zu Ranos in Aristokles' Stab gesellen.

Aristokles gab eine merkwürdige und ungewöhnliche Figur in Alexanders Gefolge ab. Er wurde als seltener Diener des Gottes Dionysos betrachtet, war nur ein Jahr jünger als Alexander und ursprünglich ein Schreiber des Triptolemos in Pella. Als solcher war er ein weniger bedeutender Mantiker, der sich mit der volkstümlichen Zauberei befaßte. Später wurde er von Aros zum Schreiber des Apollo ausgebildet. Ohne Zweifel war Aros auf die verborgenen Fähigkeiten des Aristokles aufmerksam geworden, denn er schickte ihn zu Arastuas nach Etrurien mit der Empfehlung, ihn zu einem „tefaqos", einem mächtigen, hohen Propheten und Legaten der Götter, vor allem des Gottes Dionysos, zu trainieren.

Aristokles verbrachte ungefähr zwei Jahre in der Gegend des heutigen Genua zusammen mit Arastuas. Er kam dort dem Tauronomos Aiaras zu Hilfe, indem er den mächtigen Krieger und „thanasa" (janitor) Apora besiegte. Den Kampf könnte man eher umschreiben als eine Art „Energie-Duell", welches als Wettkampf beschrieben wird. Ein Gegner versucht, den Tonos des anderen zu lähmen bzw. durch einen Schlag zu schwächen, der mit einem Instrument ausgelöst wurde, das die Ägypter „we'as" nannten. Und zwar wurde psychische Energie auf den Tonos des Gegners projiziert, und falls es irgendwelche Schwächen gemäß den materiellen Bindungen im Tonos gäbe, war der Tonos unfähig, den Hieb auszuhalten, und knickte unter der Wucht eines solchen Schlages ein. Aristokles ging siegreich aus diesem Wettstreit hervor und folgte einem anderen Lehrer namens Frasas, für zwei weitere Jahre nach Gallien in die Gegend von Nimes um mehr Training zu erhalten. Am Ende dieser Lehrzeit empfahl ihm Arastuas, nach Makedonien zurückzukehren, um seinem jungen König zu dienen, der nun dazu bestimmt war, den Tonos des Dionysos in die Welt zu bringen. Aristokles sollte ihn in dieser Aufgabe unterstützen.

Eine ähnliche Geschichte wird von Halynos überliefert: Nach der Befreiung von Halikarnassos begegnete er Auprassos, damals Schreiber des Deinokrates, der ihm vieles über Alexander berichtete. Nach einem Gespräch mit ihm begab er sich zum Propheten Paqas, der nahe Halikarnassos lebte, und den er gut kannte. Paqas legte Halynos nahe, aufzubrechen und Alexander zu treffen, da der „siegreiche" Alexander den Völkern eine lichtvolle Weltordnung bringen würde.

Aristokles erreichte Alexanders Lager drei Tage nach der Schlacht von Granikos. Er befand sich ursprünglich in Begleitung von vier Galliern, die sich ihm auf der Reise gen Osten angeschlossen hatten, um dann ebenfalls in Alexanders Dienste zu treten. Sie sollten dort für drei Jahre verweilen, bevor sie wieder in ihre Heimat zurückkehrten. Die Armee gab sich nach dem Sieg bei Granikos in bester Laune, ja sie wirkte sogar ungestüm und übermütig – als ob die Zeit des Kämpfens bald vorüber sei.

Im Lager angekommen, ging Aristokles zuerst auf Retris zu, der sie alle zu Alupuas geleitete, einem von Alexanders Propheten. Alexander schien nicht vollkommen unwissend über die Ankunft eines Propheten des Dionysos gewesen zu sein. Denn Alupuas ließ ihn schon drei Monate davor wissen, daß das Erscheinen eines seltenen Propheten aus dem Westen bevorstehe, der unterwegs war, um ihn bei der Bewältigung seiner großen Aufgabe zu unterstützen. Alupuas führte Aristokles, einen Gallier names Chustebeus und einen dritten, den man Gallos nannte, zu Alexander. Es sollte ein recht aufschlußreiches Treffen für Alexander werden, hatte er doch ursprünglich Alupuas Geschichte nicht viel Glauben geschenkt. Nun schien er doch recht überrascht zu sein, daß alles so kam, wie Alupuas es vorausgesagt hatte. Alexander sprach gerade mit Qypros, einem Schreiber aus Ptolemaios' Stab, als sie in sein Zelt traten. Alexander schmiedete Pläne, Alupuas in eine Gegend zu schicken, die sie „Apounta" nannten. Sie erstreckte sich vom Kaspischen Meer bis zum Balchaschsee und würde eine bedeutende Rolle in Alexanders Vorhaben spielen. Alupuas sollte also vorausgeschickt werden, um seinem König sowie dessen Propheten den Weg für eine mögliche spätere Ankunft zu ebnen. Apounta wirft ein ungewöhnliches Licht auf Alexanders ursprüngliches Vorhaben, wie wir noch später in diesem Kapitel darauf zu sprechen kommen werden. Bei ihrer ersten Begegnung sah Aristokles in Alexander einen Herrscher, der enorme, feurige Energie ausstrahlte, und betrachtete dies im wahrsten Sinn des Wortes als Wink des Schicksals, einer solchen Persönlichkeit dienen zu können. Alexander war zwar beeindruckt von Aristokles' ausgedehnten

Reisen, seiner Geschichte sowie seinen Taten, hielt ihn jedoch für einen seltsamen Vogel, der einen etwas irren Eindruck auf die anderen machte. Dennoch wurden die beiden in kurzer Zeit Freunde. Aristokles wurde zu Alexanders Schreiber ernannt und gleichzeitig in den Stab des Eunopanos eingegliedert, der damals als Alexanders oberster „tefaqos" galt. Zusammen mit Eunopanos war Aristokles Alexanders Berater in göttlichen und geistigen Fragen. Man erwartete von ihm, daß er ein lichtvoller Prophet sein würde, der einen hohen Grad an Aretê bezeugte. Es wurde nun als seine Aufgabe betrachtet, Alexander auf Zeichen und „Durchgaben" strahlkräftiger, lichtvoller Götter aufmerksam zu machen. Das wahrscheinlich Überraschendste, was wir über Aristokles hören, war, daß er Alexander mit Informationen über „Anobos" versorgen sollte. Anobos wurde als jener Mittelpunkt für geistige Energie verstanden, der sich in Gallien befand. Alexander und sein Kreis bezeichneten den Ort auch als „Styx" und benutzten diesen Namen, wenn andere im Kreis anwesend waren, waren sie allein, nannten sie ihn Anobos. Aus diesem Grund verwies man auf Aristokles als den „Stygier" oder den „Hyperboräer".

Aristokles und Halynos sollten später für Alexander und seine Pläne unentbehrlich sein. Und doch ist es seltsam, daß keine Überlieferungen über diese beiden Männer vorhanden sind, geschweige denn überhaupt über irgendwelche Mitglieder der κουροι, die Alexander dienten und natürlicherweise Zugang zu seinen privaten Gedanken und Ideen hatten. Die Antwort erscheint einfach genug: die Männer, die nach dem Tod Alexanders an die Macht kamen, waren an deren „Geschichte" weder interessiert, noch zeigten sie irgendein Interesse, die damalige Überlieferung aufzuzeichnen. Halynos und Aristokles haben beide Abhandlungen über das verfaßt, was im allgemeinen als πονος του Αλεξανδρου bezeichnet wurde. Aus beiden Berichten wurden viele Informationen zurückbehalten. Sie haben nicht alles über den „Ponos" erzählt, da sie viele ihrer Informationen für „aporretisch" und somit ungeeignet zur allgemeinen Verbreitung hielten. Beide Werke überlebten nicht. Auch Ptolemaios, der mit den

Aktivitäten des Kreises eng vertraut war, machte keinerlei Anspielungen auf die Tätigkeiten der Κουροι, noch erwähnte er die Namen des Halynos und Aristokles, ebenfalls aus Gründen der Geheimhaltung. Zusätzlich wurde diese Geheimhaltung gefördert durch Gefühle der Scham und Angst vor Schande in Alexanders engstem Kreis. Trotz aller militärischen Erfolge sowie brillanter Siege, die man auf den Schlachtfeldern einst errungen hatte, waren der „Ponos" des Alexander und der nachfolgende sogenannte Hellenismus, dem es am „Feuer des Kronos" gänzlich fehlte, nicht die Triumphe, als die man sie darzustellen gewohnt war. Nein, für die Κουροι selbst artete alles mehr in einen Fehlschlag, ja sogar in eine Tragödie aus, für die doch einige ihrer Mitglieder letztlich verantwortlich waren. Sie sprachen unter sich von θανατος της αρετης (Tod der Aretê). Die Enttäuschung war in der Tat groß unter jenen Mitgliedern, die einst so hoch aufgestiegen waren. Durch den Glanz des Spiegels des Dionysos geblendet, unterlagen sie nun so verhängnisvoll dessen schattigen Illusionen.

Andere antike Schreiber aus jener Zeit, deren Berichte in unseren gegenwärtigen Quellen erscheinen, haben Halynos und Aristokles erwähnt. Hinweise darauf wurden in den Überlieferungen des Nearchos, Onesikritos, Aristoboulos und sogar Kallisthenes gemacht, jedoch ist uns keines dieser Werke erhalten geblieben. Es gibt auch keine Erwähnung dieser beiden Persönlichkeiten in den Berichten jener Historiker, deren Werke wir heute noch besitzen. Plutarch erwähnt einige Aspekte jener Ziele, die von Alexander und dessen Kreis einst anvisiert wurden, schweigt sich jedoch über etwaige Namen aus. Qoros berichtet, daß Plutarch in manchen Dingen zur Geheimhaltung verpflichtet wurde. Arrian ist allerdings ein weiteres Problem: Obwohl er der esoterischen Seite des „Ponos" nicht sonderlich zugetan war, erwähnte er – so Qoros – die Namen von Halynos und Aristokles. Doch wir erfahren auch, daß jene Hinweise später durch eine argwöhnische „Kirche" getilgt wurden. Bedauerlicherweise scheint es Alexander nie vergönnt gewesen zu sein, im Licht der Wahrheit betrachtet zu werden. Es scheint geradezu, als wäre Alexander dazu auserkoren, sowohl eine Warnung vor der Verblendung durch die Götter zu sein als auch ein Beispiel für Ausschweifung und göttliche Überheblichkeit, denn er sollte eines Tages auf ungerechte Weise zum Opfer des Spiegels des Dionysos werden.

Vier Tage nach der Ankunft des Halynos brach Alexander mit 22 Männern nach Phansis auf. Phansis, ein kleines Dorf zwischen Gordion und dem Halysfluß, sollte einen Höhepunkt in Alexanders Aktivitäten darstellen. Überdies genoß es einen ähnlichen Stellenwert, der später der Oase von Siwa zuteil werden sollte. Ja wahrscheinlich war Alexanders Erfahrung in Phansis sogar zum größten Teil für seinen späteren Besuch im Tempel des Amun in Siwa verantwortlich. Sein Anlaß, hierher zu kommen, war eigentlich ein Bericht von Qonos, einem Schreiber des Lynkestis und Ringer-Wettkämpfer des Retris, in welchem letzterer eine Überquerung des Halys beschrieb; diesen Bericht gedachte er an Ort und Stelle zu prüfen. Auch wollte er Zenon aufsuchen, der ein Diener des Sraoscha (Form des Dionysos) und das Propheten-Oberhaupt des Dorfes war. Zenon hieß Alexander bei seiner Ankunft willkommen. Auch Qonos war mit seiner Truppe anwesend. Zwei seiner Leute warteten bereits am Fluß, und so brach man auf, um sich die Überquerungsstelle anzuschauen. Alexander war jedoch ebensowenig zufrieden wie Halynos, der als Ratgeber mitgekommen war. Deshalb wurde diese Stelle verworfen, und man kehrte nach Phansis zurück. Im Dorf wieder angekommen, begehrte Alexander den Tempel des Sraoscha zusammen mit seiner Gruppe zu besichtigen. Sie traten in den Tempel ein, und Zenon deutete an, er würde für Alexander prophezeien. Daraufhin bat er Sraoscha, Alexanders Zukunft zu „illuminieren". Nachdem alle Platz genommen hatten, erhob sich Epunos, einer der Propheten des Sraoscha, und verkündete, daß Alexander Sraoschas „tolreus" (Träger der göttlichen Energie dieses Gottes) sowie der deinokratische Bezwinger Persiens sei. Alexander saß da und nahm die Prophezeiung mit großem Respekt an, wohl einigermaßen verwundert über die Voraussagung. Zenon wandte sich an Ozeptis, einen anderen Priester, mit der Bitte zu prophezeien. Ozeptis also verkündete seine

Botschaft: „Alexander wird Persien ein Ende machen und nach einer neuen Weltordnung (γεα της Αστραιας) suchen!" Alexander nahm die Botschaft mit zurückhaltender Freude an. Ein dritter erhob sich: Chustebeus, einer von Aristokles' gallischen Gefährten, und verkündete eine weitere Botschaft: „Ein ‚starker' Alexander wird der Verfechter von starker Aretê sein – φαρτοαρετη της αταερησηρος – in einer Welt, abgesichert gegen Deinokratie". Nun reagierte Alexander ziemlich überrascht und betroffen über die letzten Worte. An diesem Punkt erhob sich Aristokles und rief zu allen Anwesenden aus, daß Alexander der Retter der neuen Welt sei (σωτηρ του νεου κοσμου). Und wieder zeigte sich Alexander überrascht und zugleich überwältigt. Die anderen Zuhörer vernahmen all dies mit „offenem Mund". Daraufhin übergab Aristokles Alexander die goldene Statue eines skythischen Panthers – Symbol und Trophäe der neuen Weltordnung. Aristokles hatte sie zuvor von Paqaras erhalten, einem Seher aus Halikarnassos, der ihm damals auftrug, sie Alexander zu überreichen, sobald er über Persien siegte. Aristokles hatte sich jedoch entschieden, sie ihm in dieser bedeutungsvollen Nacht zu geben, um zu betonen, daß der Triumph schon ein von vornherein feststehender Beschluß war. Einige der anderen, die an jenem Abend Zeugen dieser Ereignisse wurden, waren Halynos, Ptolemaios, Staras, Hippon, Retris, Aristoboulos, Agamos, Agymnos, Koras und Aristandros.

Alexander war fasziniert und zugleich zutiefst bewegt über das, was ihm in Phansis zu Ohren kam. Das Wort „Soter" brachte ihn sogar regelrecht aus der Fassung, da man Achilles so bezeichnet hatte, und er sich jenes Titels nicht für würdig erachtete. Auf jeden Fall wollte er dies geprüft wissen, ob er nun wirklich ein „Soter" sei. Zusätzlich zu dem Gefühl, nicht würdig zu sein, als „Soter" bezeichnet zu werden, gab es auch noch einen anderen Aspekt, der ihn davon abhielt, diese Ehrung zu akzeptieren. Viele der aus den Überlieferungen bekannten „Soteres" wurden auch als Homosexuelle bezeichnet. Im Gegensatz zu den historischen Meinungen mißtraute Alexander Homosexuellen, welche zu jener Zeit „qraqaras" oder „gamotrevi" genannt wurden. Diese Einstellung teilte er mit Philipp, der eben darüber genauso gedacht hatte. Aus diesem Grund vor allem war Alexander nun doch dagegen etwas zurückhaltend, sich selbst als „Soter" zu betrachten. Halynos unternahm auch nicht gerade viel, um Alexanders Zweifel zu zerstreuen, als er ihm erzählte, daß Ptopuras, ein skythischer Held und „Soter", den Alexander sehr schätzte, auch ein Homosexueller gewesen sei. Unabhängig von allen Vorbehalten, welche Alexander gehabt haben mag, war der σωτηρ eine hoch angesehene Bezeichnung für eine Persönlichkeit, die das höchste Maß an Aretê verkörperte. Er bekämpfte die Ungerechtigkeit und die furchtbaren Kräfte der Deinokratie. Er war ein Legat der Götter, der deren unumstößliche Wahrheiten verteidigte – trotz der Meinungen und Lebensweisen der Menschen. Und sehr oft wurde er aufgefordert, ein neues Zeitalter einzuleiten. Dies waren nun die Eigenschaften, die Alexander viel zu denken gaben. So wie die Dinge nun lagen, nagten die erhabenen Hoffnungen und Sehnsüchte nach einem größeren Ziel, welche sein Feldzug so überraschend erweckte, schwer an seiner Seele. Und doch waren dies die Hoffnungen, die er schätzte und nicht ableugnen konnte. Es schien geradezu, als ob all die Legenden und Überlieferungen, die er gehört hatte, all die Träume und Andeutungen über sich selbst und seine Aufgabe, hier in Gordion zusammenliefen, um somit einen unerschütterlichen Knoten zu bilden, den er zu lösen hatte.

Einer dieser rätselhaften Träume hatte sich drei Jahre vor seinem Aufbruch nach Asien in Makedonien ereignet. Er träumte von Polyphemos, dem Sohn des Poseidon, der, wie Qoros behauptet, auch als eine Form des Dionysos angesehen werden konnte. Polyphemos teilte ihm in jenem Traum mit, daß Alexander alle bekämpfen würde, die Dionysos Widerstand leisteten. Alexander faßte auch eine Einheit ins Auge, die unter anderem ein mächtiges, lichtvolles, neues „apountisches" (θεου φορος) Geldsystem umfaßte, welches Dionysos zu begründen versuchen würde. Wiederum stoßen wir auf ein Thema, das den Kern seines Feldzuges berühren würde, denn vieles, was er vermutete, sollte nun seinen Lauf nehmen.

Alexander faßte eine Rückkehr der Aretê ins Auge, welche unter anderem eine neue Einstellung gegenüber Geld und Gütern mit einbezog. Denn er sah, wie die Pleonexie (das Mehrhabenwollen) – φιλοαπτια – die Ideale, die er selbst so hoch würdigte, langsam zerfraß. Und so sagte er ihr den Kampf an. Die Welt, die er beschützen wollte vor den Verwüstungen der asiatischen Deinokratie sowie der Liebe zum Geld, war „Apounta", von dem Griechenland nur ein Teil war, – einschließlich der hellenischen Stadtstaaten Kleinasiens. Er stellte sich diese „neue Welt" ähnlich der der Dorischen Liga vor, über die er einst unter Ratons Aufsicht in den Gesetzen des Platon gelesen hatte. Diese Gesellschaft überwand Zwietracht, Uneinigkeit, Rivalität und die Gier jener „Städte in den Ebenen", um ein εθνος zu formen, welches es mit den untugendhaften, deinokratischen Staaten Asiens aufnehmen und sie am Ende besiegen würde. Dieses εθνος verband mehr als eine Nation oder Nationalität; es waren Menschen, die von der Vortrefflichkeit der Aretê erfüllt waren, welche ihnen die „Einsicht" (φρονησις) in die Welt der strahlenden „svasaras" verlieh, in deren Gemeinschaft sie nun als Freunde eintraten. Die Namen, die diese Gesellschaftsform bezeichneten, waren: αυταρχια της Αστραιας „Selbst-Regierung der Sternenjungfrau" und γαμοφιλοκρατια „die Gemeinschaft der verheirateten Freunde" – diese „Freunde" waren die strahlenden Götter, die mit jedem Individuum „verheiratet" waren und diesem als Quelle der inneren Führung und Inspiration dienten. An dieser Stelle sollte man erwähnen, daß jene Gesellschaft zum Teil realisiert wurde durch die Gemeinschaft der Schreiber, die Alexander begleiteten und dienten. Denn diese, so wie er selbst sagte, waren die „Gefäße", die den Speer der Deinokratie zerschmettern würden.

Unsere Qellen berichten, daß Alexander einen Präventivangriff gegen das persische Reich führte, um diesem Einhalt zu gebieten und so den Weg für eine „apountische" Einheit zu ebnen. Alexander betrachtete dies als deinokratische Gerechtigkeit gegen einen Feind Griechenlands, das Jahre zuvor durch Xerxes' Armee Zerstörung und Verwüstung erlebt hatte. Dies und vieles mehr war noch lebendig in der Erinnerung vieler Griechen und begünstigte jene starke, emotionelle Basis, die den virulenten, rauhen Panhellenismus der damaligen Zeit nährte und so viele Männer dazu bewog, Alexander zu folgen. Man soll aber auch Alexanders eigene, persönliche Rachegefühle Persien gegenüber nicht übersehen, das er, wie es aus dem Brief an Darius nach der Schlacht bei Issos hervorging, für den Tod Philipps verantwortlich machte. Wir erfahren, daß Philipps Arzt Aniopas und Tasaras an seinem Mord beteiligt waren. Philipp war zu jener Zeit krank, und Aniopas schickte Tasaras mit einem Arzneitrank zu ihm. Tasaras nutzte die Gelegenheit, Philipp niederzustechen. Vor Alexander geführt, legte er offen, Darius gedient zu haben. Er gestand, daß er von Aniopas, der auch bei Darius im Dienste stand, damit beauftragt wurde, Philipp zu töten, um auf diese Weise Persien zum Sieg über Griechenland zu verhelfen. Wiederum berühren wir hier einen Punkt, den Alexander sehr ernst nahm. Persiens Bedrohung Griechenland gegenüber lag in seinem unermeßlichen Reichtum. Obwohl Persiens Militärkapazität beachtlich war, ging die wahre Gefahr von seinem Gold aus – einer „Waffe", die Persien mit großem Geschick einsetzte, um so seinen Einfluß auf Griechenland auszudehnen. Man kann hier ernsthaft behaupten, daß letztlich der Erfolg, der vom persischen Gold ausging, bei weitem größer war als der, den seine Armeen jemals zu erreichen vermochten. Doch nicht einmal das asiatische Gold hätte so viel Einfluß in Griechenland gewinnen können, wäre nicht jener hohe Grad an „Philoaptia" vorhanden gewesen, welche das Leben der Städte zersetzte. Hier braucht man nur Platon und Isokrates zu lesen, um zu erfahren, welches moralische Unheil die „Pleonexia" (Mehrhabenwollen) in den griechischen Städten anrichtete. Beide Übel leisteten jenen Kräften Vorschub, die die Seele der Zivilisation zerstören wollten; beiden mußte Einhalt geboten werden. Als noch gravierender als die „Philoaptia" betrachtete Alexander das, was er αρετολυσις – (Auflösung der Aretê) nannte, als die wahre Quelle der Unordnung. Dies war das verhängnisvolle Gebrechen, das den Tonos Griechenlands schwächte, der wiederhergestellt werden mußte. Wir erfahren, daß

Alexander nach seinem Sieg über die persischen Streitkräfte plante, ein (Regierungs)system in Griechenland, in den befreiten griechischen Stadtstaaten Asiens sowie in Apounta einzuführen. Qoros nannte das System: στιλβουσα αρετοσφαιρα των φιλωντων ιερεια των θεων – „Aretê-Sphäre der die Opferhandlungen der Götter Liebenden". Er diskutierte solche Pläne mit Raton und Retris. Zu jener Zeit existierten eigentlich zwei Vorschläge: Er wollte, daß seine Schreiber die Aretê durch απομονια του παρεστοτος erlangen, welche man als eine Hinwendung zum apollonischen „Parestos" bezeichnen kann. Die zweite war die „tonotriounsis" oder αποστιλβωσις (Illuminierung des Tonos), welche auf die „stille Illuminierung" von Staatsdienern hinzielte.

Ursprünglich war es nicht Alexanders Absicht gewesen, Persien zu unterwerfen – dieser Plan kam erst nach der Schlacht von Issos zustande – er wollte bloß eine Art „cordon sanitaire" einrichten, welcher Griechenland vom persischen Geldeinfluß isolieren sollte, um auf diese Weise dessen Regeneration herbeizuführen – oder genauer gesagt, die Regeneration und Wiedergeburt eines „apountischen Reiches".

Der ursprüngliche Plan, den Alexander ins Auge faßte, bevor die Ereignisse in Gordion ihn änderten, sah die Befreiung der hellenischen Stadtstaaten in Asien vor, danach würde er in ein Gebiet vordringen, das man als „Apounta" oder Kolchis bezeichnete, und es unter seine Kontrolle bringen, um so persische Übergriffe im Auge zu behalten. Seine Gedanken gingen noch weiter, denn er träumte von der Eröffnung eines Korridors, der von Trapezunt durch Armenien führte, sodann das Kaspische Meer übersegelnd, nach Süden durch Apounta (hier Afghanistan), um eventuell auch Indien mit einzubeziehen. Jener Plan wurde πονος της πομπης των Απουντιων genannt.

Wir sind überrascht zu erfahren, daß Indien Alexander bereits bekannt war, ja, er sogar vorhatte, dorthin zu gehen, bevor er seinen Fuß auf Asien setzte. Unsere Quellen berichten von folgender Geschichte: Schon drei Jahre vor der Invasion Asiens schickte

Alexander zwei Botschafter zu Pora, einem wichtigen indischen Raja, um erste Kontakte einzuleiten. Sie übermittelten Alexanders Wunsch, ihm indische Geographen und Philosophen nach Makedonien zu schicken, damit sie ihn und seine Gefährten unterrichten konnten. Er wünschte sogar, daß diese Lehrer junge Männer in den okkulten Künsten ausbildeten, wie man Parestos erlangen könne.

Pora war mißtrauisch und ging auf Alexanders Wünsche nicht ein. Er schickte aber drei Gesandte nach Makedonien, um etwas über Alexanders Pläne herauszufinden – insbesondere über die Absichten Griechenlands, mit Persien Krieg zu führen.

Die Gesandten trafen ungefähr ein Jahr vor der Invasion ein. Alexander hatte keine Ahnung, daß Pora ihm nicht gewogen war, und erzählte ihnen über seine Pläne mit Apounta sowie über sein Interesse an Indien. Er war immer noch hoffnungsvoll, daß Indiens Gymnosophisten seinen jungen Männern helfen würden, Parestos zu erlangen. Die Gesandten waren alarmiert über Alexanders Wunsch, nach Indien zu kommen, und versuchten sogar, ihn davon abzubringen, indem sie ihm Geld anboten. Alexander war darüber erzürnt und lehnte ab.

Ab diesem Zeitpunkt rechnete er mit der Feindseligkeit Indiens, was jedoch seine Pläne nicht umstieß, ja, er war sogar noch fester entschlossen, sie zu verwirklichen.

Alexanders Interesse an Indien wurde durch Raton und bis zu einem gewissen Grad auch durch Aristoteles erweckt. Raton kannte einen Gorgias von Korinth, der 24 Jahre in Taxila (Indien) gelebt hatte. Gorgias war ein Anbeter des Dionysos in seiner indischen Form als Krischna. Er war es, der an Raton ein beachtliches Maß an überliefertem Wissen aus Indien weitergab, einschließlich griechischer Übersetzungen einiger Erzählungen über Rama und ΓΑΝΥΜΟΣ (Hanuman), welche wir später in der Ramayana von Valmiki interpretiert finden. In den Geschichten, die auf den Einfluß Ratons zurückgeführt wurden, sehen wir die Bedeutsamkeit Apountas und Indiens.

Zu jener Zeit, als Ramses IV in Ägypten herrschte, umfaßte Apounta ein Gebiet, das sich von Makedonien im Westen bis nach Alma Ata im Osten, von der Krim sowie Georgien im Norden bis zum Iran im Süden erstreckte. Das Volk nannte sich „Skun" oder „Skunqa". Schriftliche Überlieferungen bezeichnen es als „Aschkuzai", „Aschkanazim" und „Skythai". Die Skunqa waren reich an Gold und benutzten dieses Metall unter anderem, um „Gürtel aus Goldscheibchen" anzufertigen, die man als Tauschmittel gegen Güter und Dienstleistungen verwendete sowie als „Kanäle", um die Lebenskraft zu erhöhen. Mit anderen Worten, sie benutzten Gold in Übereinstimmung mit den Gesetzen, die von einem Gott festgelegt wurden, den sie als „Papa" oder Παπαιος bezeichneten. Papaios pflegt man mit Zeus zu identifizieren; Qoros aber rückt ihn in die Nähe von Dionysos. Im Zusammenhang mit jenem Gold und der Bedeutung, die es für Apounta hatte, hören wir von dem χρυσοφυλαξ γρυψ, dem gold-bewachenden Greif, einem Luchs, der Dionysos zugeordnet wird und Apounta vor dem Mißbrauch durch die Gier schützen sollte.

Später, während der Regentschaft von Ramses V in Ägypten, fand laut unserer Quelle ein Krieg zwischen Apounta und einigen „lynkäischen" Ländern statt. „Lynkäe" ist ein Name, der damals von dem apountischen Wort „lunqa" abgeleitet wurde und soviel bedeutet wie „spitze Kappen" – welches auf die runden, spitzen Hüte anspielt, die damals in jenen Ländern getragen wurden. Später wurde diese Art der Kopfbedeckung von den Skythen selbst übernommen. Lynkäer wurden im allgemeinen als Griechen betrachtet (außer den Doriern, Äoliern und „Graikoi"), Menschen aus Kleinasien (Karier, Lydier), sowie auch Bewohner semitischer Länder.

Wir erfahren, daß Qaras, der König von Apounta, sich wegen der Lynkäer sorgte, da sie die etablierte Autorität des Goldes wegen untergruben. Die Lynkäer sehnten sich nach Gold und schreckten vor nichts zurück, um es zu besitzen. Dies übte eine von Anfang an ungünstige Wirkung auf die Apountier aus, da die Lynkäer kostbare

Edelsteine (Rubine, Smaragde, Topas, Türkis) einführten und diese gegen Goldstatuen und Schmuck eintauschten. Die Folge war, daß sich allmählich die Gedanken von Profit und Gewinn der Bevölkerung bemächtigten. Um sich gegen diese Gefahr zu wehren, zog Qaras in den Krieg gegen die „Quqropi" (κεκροπιοι) und die „Achawaias" (Αχαιοι), die zu jener Zeit in Argos lebten, sowie gegen die Rhodier und Zyprioten. Wir sehen aber, daß seine Bemühungen ihm nicht den gewünschten Erfolg brachten. Daraufhin beschloß er, das Problem auf andere Weise zu lösen. Er gab nämlich große Mengen von den mit dem Tonos des Dionysos geladenen Goldscheibchen den lynkäischen Gesandten der Achawaias, die man als „theonomoi" (Gotteshelfer) bezeichnete. Die Theonomen waren Heilige, die den Mißbrauch des Geldes bekämpften. Das apountische Gold, welches von den Theonomen in Umlauf gesetzt wurde, verhalf den lynkäischen Staaten zu einer gerechten Methode des Zahlungswesens. Aretê triumphierte also über viele Jahre hinweg sowohl in lynkäischen als auch in apountischen Ländern. Ferner hören wir von einem Karier namens Ekopas, der während sechs-jährigem Aufenthalt in Indien Wissen über Krischna erlangt hatte und nun versuchte, Reformen in dem abtrünnig gewordenen Apounta einzuführen. Deqaus, einer der Könige von Apounta, wollte mit den Reformen wenig zu tun haben und bat die Hyrkanier, Ekopas und die Inder, die ihn begleiteten, umzubringen. Ekopas überlebte jene Angriffe und war auch noch nach dem Tod des Deqaus mit den Reformen in Apounta erfolgreich. (Ekopas lebte während der Regierungszeit Ramses VII) Die Tradition der Aretê, die Ekopas teilweise wieder etablierte, breitete sich damals bis nach Anobos in Gallien aus.

Weitere Verbindungen zwischen Apounta und Hellas wurden in den Legenden um die Gestalt des Jason überliefert. Jason, der während der Herrschaft des ägyptischen Königs Snofiraria lebte, ging ebenfalls nach Apounta (Kolchis), um die Apountier ihrer „kearasa" zu berauben. Dies war eine runde Goldscheibe, vom Gott Hephaistos angefertigt, welche als der Tonos des Dionysos angesehen wurde. Später wurde sie mit dem Goldenen Vlies (χρυσειον κωας) identifiziert. Diese Scheibe verkörperte das, was die Meder „hwaranah", den königlichen „Glücksglanz", nannten. Jason wurde König der „Qabeiri" (Καβειροι) in Thrakien. Man behauptete, er habe Ineras gekannt, der ihm auftrug, Griechenland zu erleuchten.

Dies waren die Überlieferungen, mit denen Alexander vertraut war. Im Bewußtsein dieser Traditionen betrachtete er sich selbst als Apountier. In derselben Weise sah er die Dorier, Äolier – eine ethnische Gruppe bekannt als die „Graikoi", sowie die Makedonen als apountische Völker an. Achilles war ein Held der Apountier und jenes äolischen Stammes, zu dem er gehörte. Er wurde als der Tonos des Dionysos, als Träger seiner Energie betrachtet. Achilles selbst kämpfte gegen die Feinde Apountas, darunter auch Troja. Bis vor Troja sollen ihm apountische Amazonen gefolgt sein, die in Gruppen auf apountischen Gebieten lebten. Ein Stamm dieser Frauen, der sich in Paphlagonien zwischen Sinope und Heraklea niedergelassen hatte, kämpfte an der Seite des Achilles gegen Troja. Rund 2.000 Amazonen wurden von ihrer Königin Topa geführt, die vor Troja ums Leben kam; man sagte, sie wäre von Rastunas erschlagen worden. Die Amazonen wurden dort von den Griechen als „apountawaias" bezeichnet. Unter den Apountiern selbst nannte man sie „arapata" – Männertöter.

Alexander wollte sowohl Aretê nach Griechenland und Apounta bringen als auch eine Passage nach Indien ausbauen, die eines Tages sein Werk unterstützen sollte. Und seine Vorhaben (πονοι) wären in der Tat enorm gewesen, wenn er vermocht hätte sie durchzusetzen. Grundsätzlich schwebte Alexander jene kühne Vision von Apounta vor, es als riesiges Zentrum einer neuen Weltordnung zu gestalten, welches sich von Erytheia oder Anobos im Westen bis nach „Papon" (China) im Osten erstrecken würde – von Meer zu Meer – ein erhabener Traum, der sich vor ihm in den strahlenden, stillen Gewässern des Spiegels des Dionysos entfaltete.

Die Erzählungen, die uns die Qoros-Aufzeichnungen liefern, führen uns drei Jahre vor die Invasion Asiens zurück. Alexander schickte drei Gesandte zu einem apountischen Stamm namens Sinaqa. Die Sinaqa bewohnten das Gebiet um das heutige Alma-Ata. Alexander suchte sich diesen Stamm aus, da er im Besitz des ΓΡΥΠΑΣ war. Dies war ein berühmter Luchs, ein Tier, das dem Dionysos heilig war. Er wurde für Orakelfragen und zum Schutz gegen die Feinde des Stammes benutzt. In der klassischen Literatur bezeichnete man ihn als „χρυσοφυλαξ γρυψ" (gold-bewachenden Greif) wie bei Herodot und Aischylos nachzulesen ist. Die Stämme, die solche heiligen Tiere besaßen, waren besonders widerstandsfähig gegen die Verwüstungen der Habsucht und genossen daher die Gunst des Gottes Dionysos. Alexanders Gesandte erinnerten die Sinaqa an die vorzeitlichen Beziehungen zwischen ihrem Stamm und den Stämmen des Westens; sie priesen ihren Widerstand gegen die „lynkäische Gier" und fragten im Namen von Alexander, ob sie ihm Hilfe zusagen würden, die „Habsucht" unter den „lunqa" zu vertreiben. Darüber hinaus bot er ihrem Stamm die Möglichkeit an, das Zentrum eines dionysischen Reiches zu werden, welches einst viele Jahrhunderte zuvor existiert hatte.

Die Antwort der Sinaqa kam ein Jahr später, als ein Gesandter namens Sata Alexander in Pella traf und ihm sagte, daß die Wiederkehr jenes einstigen Reiches Apounta die „Illuminierung" zurückgeben würde, die es sich wünschte, und das Reich in der Tat ein Kapitol benötige. Doch in ihren Kämpfen gegen die vielen Widersacher des Dionysos war es ihnen nicht möglich gewesen, den Verlockungen der „qonea" (Habsucht) zu widerstehen, um diesem Gott ausreichend Ehre zu erweisen; darum möge Alexander kommen um ihnen zu helfen. Alexander erwiderte, daß er jegliche Vereinigung mit Apounta ablehnen würde, wenn die Sinaqa dem Gott nicht in angemessener Weise dienten.

Sata kehrte nach Apounta zurück und fand lediglich heraus, daß die Sinaqa Papon in einem Streit um Land in der Mongolei geschlagen hatten und nicht länger an Alexanders Angebot interessiert waren. Das zweite Mal, wo Alexander und Sata sich trafen, war in Rumänien bei den Dokra (Triballern). Sata erzählte ihm, was geschehen war, und empfahl, Apounta zu bekämpfen. Praktisch gesehen wendete sich Sata von den Sinaqa ab, um sich daraufhin Alexander anzuschließen.

In der Zwischenzeit war Alexander in der Angelegenheit Papon nicht untätig. Wir hören, daß zwei Jahre vor der Überfahrt nach Asien vier Gesandte von Makedonien zu einem Mongolen namens Fesa geschickt worden waren, der der Tauronomos eines chinesischen Herrschers war. Die Botschaft handelte von einer Rückkehr Papons zum Apounta des Dionysos. Wie es sich herausstellte, waren die Chinesen an dem Angebot beachtlich interessiert, und zwar war ihr Interesse dermaßen stark, daß sie bei den folgenden Treffen und Unterredungen, die in Afghanistan und Indien stattfinden sollten, sogar danach trachteten, das Zentrum von Apounta zu werden. Der Grund für ihre Zustimmung hatte viel mit einer ungewöhnlichen, historischen Tradition zu tun, die sehr leicht die Phantasie der Menschen zu beflügeln vermochte. In seinen Verhandlungen sowohl mit Apounta als auch mit Papon machte Alexander zeitweilige Anspielungen auf diese gemeinsame Herkunft.

Wir erfahren, daß es zu der Zeit, als die Götter auf Erden herrschten, ein riesiges Reich gab, das von einem Kulturheros gegründet worden war, der unter verschiedenen Namen in der Geschichte aufscheint: in Ägypten Osiris, in Sumer Enlil und in Indien Rama genannt. Das Reich erstreckte sich – so behaupten unsere Quellen – von Sri Lanka im Süden bis nach dem heutigen Irkutsk nahe dem Baikalsee im Norden und von China im Osten weit bis zum Fluß Don. Die Periode, in der dieses Reich existierte, wurde oft als das Goldene Zeitalter bezeichnet. Die Ägypter kannten dieses Zeitalter als die „Zeit des Osiris" (), die Griechen als χρυσεον γενος (das goldene Geschlecht). Das Hauptzentrum dieses dionysischen, apountischen Reiches befand sich in China, das dieses selbst als 日国 , das Reich der Sonne, bezeichnete.

Dies ist es denn, was Alexander erstrebte. Er trachtete nach der Wiedergeburt dieses einst glorreichen Reiches, welches mit der wiederbelebenden Kraft der Aretê durchströmt werden sollte – ein Reich, in dem alle Menschen durch die strahlende Aretê regiert werden – ein jeder auf die innewohnende Göttlichkeit antwortend. Dies war die „unsterbliche Frucht", von der einst Aristoteles in seinem Loblied auf Hermeias gesprochen hatte, diese sei „stärker denn Gold, der Wille der Eltern und der sanftmütige Schlaf".

Obwohl Alexander damals nicht so weit ging, sich selbst als „Soter" zu bezeichnen, betrachtete er sich doch als „Vorkämpfer des Dionysos" und Gründer eines mächtigen Reiches. Er sah sich selbst immer mehr als den neuen Herakles, einst Mitstreiter der Götter und Bezwinger des „lynkäischen" Hellas. Gleich wie Herakles, der einst ein dionysisches Hellas (Griechenland) gegründet hatte, würde auch er ein Reich gründen, das sich wieder zu einem Zentrum dionysischer Werte entwickeln sollte.

Einer der ersten Begriffe, der diesem mächtigen Unternehmen vorausging, war jener, den Raton ca. vier Jahre vor der Invasion initiierte und der „Seele des Dionysos" lautete. Der junge Alexander sprach damals schon davon, den Tonos des Dionysos zu erlangen, um dem starken Drang zur Pleonexie entgegenzuwirken, welcher in den lynkäischen Ländern aufkam. Raton legte ihm nahe, zuerst Aretê zu erwirken, denn so würde die „Liebe zum Gold" (σφαιρα της χρυσοφιλιας) schwinden. Unter „σφαιρα" verstand man „Feuerkreis", in diesem Fall „Feuerkreis des Pluto". Anschließend würde er die „σφαιρα του Διονυσου" (Feuerkreis des Dionysos) erlangen, welche ihm helfen sollte, die Wiedergeburt einer dionysischen (apountischen) Welt herbeizuführen.

Den Bezug zu Dionysos finden wir in einer nachträglichen Bezeichnung dieses künftigen Reiches wieder, und zwar: σφαιρα της αυτονομιας των Ευσαραφοραιων „Unabhängige Sphäre (Feuerkreis) des Dionysosgeleites". In dem Ausdruck „Eusaraphoraios" sieht man das Wort „Euergetes", das später im ptolemäischen Ägypten verwendet wurde, um einen „Wohltäter" zu beschreiben, der sowohl Dionysos als auch Herakles gewesen waren. Das Wort „Euergetes" wurde auch zu Alexanders Zeit benutzt. Deinokrates, der Schreiber des Staras, benutzte es zuerst, übertragen von Alexanders Begriff des „Eusaraphoraios". Rein politisch faßte Alexander eine Föderation von unabhängigen Staaten ins Auge, vereinigt durch Aretê als die führende, göttliche Energie in den Seelen der Menschen. Seine Gesellschaftsform erinnert an die Beschreibung, die wir in Aristoteles' „De Motu Animalium" finden, welche in ähnlicher Art und Weise Alexanders Ziele widerspiegelt. Eine solche Gesellschaft könnte nur durch Aretê aufrechterhalten werden. Dies ist die Kraft, welche einer solchen Regierungsform ihre Legitimität verleiht. Denn ohne diese wird sie den Wechselfällen von Macht und Geld ausgeliefert, einem tyrannischen Kreislauf von Triumph und Verfall, den die Menschen bereitwillig akzeptiert haben als die Realität ihrer politischen Ordnung. Es ist eine Welt, von der die strahlenden, unsterblichen Götter sich instinktiv abwenden, um sie den Zufällen und Launen deinokratischer Menschen und deren unerleuchtetem Geist zu überlassen.

Diese Ordnung nun war es gewesen, die Alexander zu verändern beabsichtigte, als er zu Beginn seines Feldzuges jenen „apountischen" Speer, verziert mit dem Symbol des dionysischen Luchses, in die „lynkäische" Erde stieß.

Alexander nannte sein Reich ΣΤΟΛΑ ΛΥΓϘΑΙΑ, ein wohl höchst merkwürdiger Begriff, der uns trotz einer einfachen Übersetzung, nämlich „Lynkäischer Mantel (Überwurf)", relativ mysteriös verhüllt bleibt. Mythologisch betrachtet, soll er das Tuch gewesen sein, das Dionysos umgelegt wurde, als man ihn vor Zeus führte. Betrachten wir nun die Bedeutung jenes „Umhanges" etwas genauer, so begegnen wir hier in Alexanders Kreis der Schreiber einem wahren „Aporreton". Über den Begriff des Lynkäischen Mantels aber waren nur drei Männer im Bilde: Retris, Aristokles und ein „Philodnapas" namens Adanos. Die „Philodnaparas" stellten eine Gruppe von unverheirateten Schreibern dar, die angesichts ihrer sexuellen Enthaltsamkeit enge Verbindungen zu den Göttern unterhielten. Die griechische Bezeichnung lautete αζυγες, die „Unverheirateten". Man sah die „Stola Lynkaia" als das Feuer des Dionysos an, wodurch Apounta seinen Glanz erlangen sollte. Diese würde die neue „Sphäre" (Feuerkreis – σφαιρα) vor den Lynkäern beschützen, die nun schlicht als Gegner des Dionysos eingestuft wurden. Mehr noch, der große „Mantel" würde eines Tages auch die Gegner des Apounta umfassen, die so ebenfalls zu einem Teil des „Lynkäischen Mantels" werden sollten. Denn Alexander stellte sich vor, daß seine „σφαιρα" (Feuerkreis) sowohl Apountier als auch Lynkäer umfaßte.

Um zum Thema des „Neuen Apounta" noch einmal zurückzukommen, werden wir hier kurz darstellen, wie Alexander es sich vorstellte, sein Reich zu regieren. Als „gamophilokratia" – die Herrschaft verheirateter Freunde, bezeichnete er die neue Ordnung der Staaten, die durch das Band der Aretê vereinigt werden sollten. Betrachten wir die Politik des neuen Reiches, so hören wir dazu einen Ausdruck, den Aristoteles in seiner **Nikomachischen Ethik** benutzte – δικαιοπραγια „gerechte Handlungsweise". Die Idee war recht radikal; beinhaltete sie doch, daß das neue, apountische Parestos den Tonos Apountas sowie Lynkäes reinigen würde, indem es gleichsam den Kräften der Habsucht und Gier, die soviel Verwirrung und Unordnung verursachten, entgegenwirkte. Was nun die Vorstellung der spezifischen Regierungsform in seinem Reich angeht, steht uns hier nur ein grober Umriß zur Verfügung; denn er wurde daran gehindert, seine Ideen darüber zu formulieren (er wollte sie ursprünglich niederschreiben lassen). Qoros gewährt uns allerdings einen kurzen Einblick in die politischen Pläne Alexanders: Jeder Staat sollte von einem „Archon" regiert werden, der nicht vom Volk gewählt, sondern von dessen „Gott" auserwählt wurde. Der Archon würde von einem Theonomen-Gremium ausgesucht, dessen Mitglieder göttliche Mittler sind. In derselben Weise sollten auch die Mitglieder der Versammlung (εκκλησια) gewählt werden. Man könnte daraus schließen, daß Alexander von einer Menschheit träumte, die die Fähigkeit zur Regeneration durch die Energie der Aretê erlangen und so nun sich befreien würde von den herrschenden Bindungen an materielle Besitztümer, besonders an jene des Geldes und Goldes. Dies würde es ihr dann ermöglichen, sich mit der inneren Quelle der schöpferischen Energie zu vereinigen, von der doch jede Seele ein Teil ist.

Am 2. Dezember trafen drei Gesandte aus China (Papon) in Gordion ein. Sie waren die Antwort auf ein Gesuch, das Alexander noch vor dem Aufbruch nach Asien an Papon gerichtet hatte. Am Tage nach ihrer Ankunft führte man sie zu Alexanders Zelt, um sie dort mit Hilfe zweier Dolmetscher anzuhören und sich mit ihnen zu beratschlagen. Der eine Dolmetscher war Sata, der apountische Gesandte, der andere ein paphlagonischer Händler namens Resonas, der zwei Jahre in China verbracht hatte. Während des kurzen Gespräches berichteten die chinesischen Gesandten, daß China Alexander nicht bekämpfen würde. Sie erwähnten auch, daß China in einer Auseinandersetzung mit den Sinaqa wegen Land in der Mongolei besiegt worden war, gleichsam darauf anspielend, daß China ihm dankbar wäre, falls Alexander ihm in dieser Angelegenheit zu helfen wünschte. Alexander erwiderte ihnen darauf, daß er seine eigenen Bemühungen, eine neue Union zu gründen, von einem mächtigen, geistigen Widersacher verhindert sehe und nun gezwungen sei, gegen diesen Feind und dessen Verbündete in den Krieg zu ziehen. Er betonte, daß dieser Gegner der neuen Ordnung Habsucht in der Welt verbreiten würde, wenn die Menschen, die jetzt schon im Bannkreis der σφαιρα της χρυσοφιλιας (Feuerkreis der Liebe zum Gold) lebten, die γνωσις της αρετης (Wissen um die Aretê) nicht erlangten. Er war zuversichtlich, China könnte mit dem „Feuer der Artemis" die Sinaqa aus der Mongolei (Qapouneia) vertreiben, worauf die neu eingeleitete Beziehung zwischen China und der Mongolei dann eine Öffnung schaffen würde, durch die jene neue Hoffnung einzöge, die das jahrhundertalte Übel der Habsucht überwinden könnte.

Die Gesandten sollten China nicht wiedersehen. Wir erfahren, daß sie unterwegs von Satas' Agenten, die in Wahrheit den Persern dienten, ermordet wurden. Später war es Alexander noch einmal möglich, Kontakt mit China aufzunehmen, und zwar in Afghanistan. Nur eine Woche vor dem Eintreffen der drei chinesischen Gesandten gelang es Alexander selbst, einem Anschlag während der Jagd zu entkommen. Er war in einem Streitwagen mit Halynos als Lenker unterwegs. In ihrer Begleitung befand sich ein Schreiber namens Iroupos, der bei einem Lydier namens Saratas, aus dem Stab des Deinokrates im Dienste stand. In jenem Augenblick nun, wo Alexanders Streitwagen stehenblieb, stürzte sich Iroupos mit einem Messer auf Alexander. Halynos konnte das Schlimmste verhindern, indem er Iroupos das Messer entriß und ihn zu Boden schlug. Später wurde der Attentäter abgeführt und hingerichtet. Wie es sich herausstellte, machten Iroupos, Saratas und sein „Sina"-Freund Sata gemeinsame Sache mit den Persern. Saratas und Sata wurden später gefaßt und wegen Spionage verurteilt.

In der Nacht des 3. Dezember empfing Auprassos, ein Schreiber und Prophet des Neos Dionysos eine Prophezeiung, die den Lauf des Feldzuges ändern sollte. Das Orakel wurde Alexander am folgenden Morgen mitgeteilt. Kurz darauf wurden drei Männer in sein Zelt berufen, um die Bedeutung des Orakels zu interpretieren. Es waren Retris, Halynos und Kimon, ein Schreiber des Aristokles. Der Inhalt des Orakels war folgender: Qronos, der mythische Vater des Zeus, teilte Alexander mit, daß er seinem Wunsch widerstehen sollte, nach Apounta zu gehen, da er eine verhängnisvolle Sehnsucht nach Gold voraussah, die jene vereinige, die Dionysos Widerstand leisteten, und deshalb großes Unheil anrichten würde. In Anbetracht dessen wäre es für Alexander weise, das Streben nach dem Aufbau des neuen Apounta im Norden aufzugeben und seine Aufmerksamkeit ganz darauf zu lenken, Aretê nach Asien zu bringen. Unter Asien verstand man drei Gebiete: Ägypten, das den Schlüssel zu Afrika darstellte, Syrien und „Raqia", die heutige Hafenstadt Aden in Jemen, das Arabien umfassen würde. Das Orakel hatte eine enorme Wirkung auf Alexanders ursprüngliche Gedanken und Pläne. Auch Retris' Vorschläge, Apounta aufzugeben, um den Kult des Dionysos mehr im Süden zu verbreiten sowie taktische Schritte gegen das persische Reich einzuleiten, überzeugten Alexander nun doch. So kam es, daß er seine Pläne änderte und sich mehr darauf konzentrierte, die Perser aus Asien zu vertreiben und eine ζωνη σφαιρας αστραιας (Schutzbereich des asträischen Feuerkreises) zu errichten. Jene „Zone", auf die Alexander hinwies, bezog sich auf den mächtigen Tonos des Dionysos, welcher die Rückkehr der Aretê nach Asien bewirken sollte.

Qoros berichtet über ein Ereignis in Gordion, das das Leben des Aristokles entscheidend beeinflussen sollte. Es handelte sich um die εγκρατεια της Τυχης (Beherrschung der Tyche), eine Kraft-Erhöhung, um den Empfänger nach und nach für die Gegenwart des Dionysos zu öffnen. Aristokles besaß eine rege „libido" (stark geprägte Neigung zur Sexualität), eine Schwäche, die für einen Mann in solch geistig hoher Position nichts Gutes bedeuten konnte. Er war sich aber ganz offensichtlich jener Schwäche bewußt, da er einen besonderen Gürtel – eine Art Talisman – trug, um diese unerwünschten Sehnsüchte von sich abzuschirmen. Als ihm dieser Schutzgürtel gestohlen wurde, war er nun den Mächten seiner eigenen Schwäche ausgeliefert, die er alleine nicht zu meistern vermochte.

Am 11. Oktober bekam er Besuch von einem Makedonen namens Raropeus, der sich als Meister-Lehrer und Prophet auszeichnete. Raropeus verkörperte den Tonos des Dionysos und wurde beauftragt, Aristokles auf die „Enkrateia" vorzubereiten. Wie schon gesagt, war diese Erfahrung dazu gedacht, dem Anwärter das Parestos des Dionysos zu übermitteln, um den Gott mit ihm zu vereinigen. Aristokles war ein junger Mann und für solch eine hohe Erfahrung nicht wirklich bereit. Raropeus fiel eine leichte Neigung zur Habsucht auf, die Aristokles zeitweise zu verbergen versuchte, jedoch nie erfolgreich besiegte. Auch bemerkte er eine deutliche sexuelle Schwäche, welche ihn für eine solche Erfahrung ungeeignet machte. Raropeus versuchte Aristokles zu überzeugen, sechs Jahre zu warten und es dann wieder mit der „Enkrateia" zu wagen.

Aristokles lehnte ab und strebte danach, jene Erfahrung möglichst bald zu machen. Raropeus verließ am 6. November frühmorgens Gordion. Etwas später zog sich Aristokles zusammen mit einem anderen Schreiber namens Aqos, in das Sanktuar eines Tempels zurück, der Dionysos geweiht war. Dort versuchte er, die „Enkrateia" mit Hilfe des Aqos zu erlangen und erreichte die Ekstase, die er suchte. Jedoch wurde diese Erfahrung nicht ordnungsgemäß durchgeführt und hinterließ eine Öffnung für mächtige Energien, die er auch im Lauf der Zeit nicht zu kontrollieren vermochte und deshalb seinen Tonos ernsthaft verletzte. Sechs Jahre später erschienen die ersten Zeichen geistiger und moralischer Zerrüttung, die zu seinem endgültigen Fall führen sollten.

Astos kam mit seinen Streitkräften am 26. Januar, als Alexander bereits Vorbereitungen traf, Gordion zu verlassen. Er hatte seinen Plan gestrichen, den Halysfluß zu überqueren und in Pontos auf dem Wege nach Apounta einzumarschieren. Stattdessen richtete er seine Bemühungen darauf, den persischen Widerstand in Asien zu brechen, um die σφαιρα του Διονυσου (Feuerkreis des Dionysos) nach „Neu-Hellas" und Syrien auszudehnen. Außer Alexander gab es nur drei, die sich für einen Einmarsch in Apounta einsetzten. Diese waren Staras, Enopros und ein General namens Araus. Alle drei waren von der „Stola Lynkaia" wirklich begeistert. Der Rest der Κουροι war über ein apountisches Reich eher zwiespältiger Meinung. Ihre Wünsche und Erwartungen hinsichtlich Alexanders Feldzuges wären durch die Befreiung von Neu-Hellas vom persischen Joch leicht zufriedenzustellen gewesen. Das einzige, was ihr Interesse an Apounta erweckte, waren die Geschichten über apountisches Gold. Es war Halynos, der jene ungesunde Neugier seitens der Κουροι wahrnahm und Alexander warnte, daß das apountische Unternehmen die Sache des „Feuerkreises des Dionysos" gefährden würde. Obwohl Alexander ein entschlossener Befürworter Apountas war, wollte er wegen der negativen Berichte und Prophezeiungen aber keinesfalls die „Sphaira" in Gefahr bringen. Somit legte er Apounta beiseite und widmete sich der Ausbreitung der Sache des Dionysos in Asien, doch sollte es ihm niemals wirklich gelingen, seinen apountischen Traum vollständig aufzugeben. Nach der Schlacht von Arbela wurde der ursprüngliche Plan jedoch wieder aktiviert und gab somit Kronos' Prophezeiung die Gelegenheit, wahr zu werden.

Halynos war nicht gegen Alexanders Vision von einem „Neuen Apounta" als solches; er hatte lediglich Bedenken, nach Norden gegen Skythien zu marschieren. Halynos hegte ein natürliches Mißtrauen den Skythiern und Apountiern gegenüber und nannte die Gegend spöttisch „Apounta Qastor". Qastor war ein makedonischer Tauronomos am Hof des Königs Pheigios in Argos. Er und Dourasatas, ein anderer Tauronomos des Pheigios, trugen vieles zu den Exzessen bei, welche Halynos als „χαλκειον γενος", das bronzene Geschlecht, bezeichnete. Sie waren Plünderer und Diebe, die der Tradition der Aretê in Argos schadeten. Beide rangen um den Thron von Argos nach dem Tod des Pheigios. Qastor siegte und wurde König, während Dourasatas Tauronomos blieb. Später, anhand der Reformen eines argiven Propheten namens Hippomonir, wurden Qastor und Dourasatas zu Vorbild-Helden der Aretê. Qastor wurde in einem Krieg gegen Athen erschlagen, was seine Frau Aesa auf den Thron brachte, während Dourasatas weiterhin als Tauronomos diente.

Alexander hatte bis zum 8. Januar immer noch Bedenken, Apounta aufzugeben. Unter dem steigenden Druck der Beweise, die ihm Halynos zur Verfügung stellte, beschloß er dann, sich der Befreiung Asiens, bzw. Neu-Hellas, sowie der Gebiete um Armenien und Syrien zu widmen.

Mit der Befreiung Asiens tauchte ein anderes Problem auf, dem sich Alexander nun gegenübersah, bevor er sich auf die σφαιρα του Διονυσου ganz einstellen konnte. In den vorausgegangenen Monaten hatte er daran nicht allzu viele Gedanken verschwendet, da er mit seiner apountischen Expedition beschäftigt war. Als jetzt Apounta fallengelassen wurde, drängte man ihn, sich nun diesem Problem zuzuwenden, trotz widerstrebender Gefühle. Nicht sehr weit weg von Alexanders Zelt stand der Tempel des Attis. Der

Tempel beherbergte einen uralten Wagen mit einem besonderen Knoten, welcher auf griechisch αμμα του νεου Αττεος genannt wurde – „Knoten des jungen Attis". Im dortigen Dialekt war er bekannt unter einigen Namen: „sqonis aparos" – „der präparierte Knoten" und „sqonis apunos" – „Knoten der Gesundheit". Später ging er in die Geschichte ein als der „Gordische Knoten". Man erzählte Alexander oftmals von diesem Knoten, aber er konnte nie genug Interesse aufbringen, um hinüberzugehen und ihn sich anzuschauen. In der Tat bezeichnete Alexander ihn zynisch als „qartotakon", „ein starkes Stück Fäulnis", das ihn davor abschreckte, nach Apounta zu gehen.

Qoros berichtet, daß der Knoten 300 Jahre alt und in teilweise verwestem Zustand war, obwohl Teile davon 20 Jahre vor Alexanders Ankunft erneuert worden waren. Trotz seines damaligen heruntergekommenen Zustandes war er dennoch ein recht beeindruckendes Werk. Der Knoten selbst verband an dem Wagen die Zugstange mit dem Joch. Die Zugstange des Wagens war aus Eichenholz, das Joch aus Kornelkirschholz (κρανεια). Der Knoten selbst war ein massiver Knäuel von Seilen und maß 31 cm in der Breite und 21 cm im Durchmesser von oben nach unten. Die Bestandteile dieses Knoten waren Hanf, Raps, Teer und Streifen von Luchsfell. Es gab Hunderte von Seilen, jedes eine Reihe von kleineren Knoten enthaltend. Die Seile waren zu einem dickeren Strang verflochten, der wiederum zu einem einzigen Knoten geformt war. Die Seile strotzten im wahrsten Sinn des Wortes von Tausenden von Knoten, das Ganze gleichsam um das Joch und die Zugstange sorgfältig gewunden.

Man berichtet, daß dieser Knoten zu einer Zeit der Zerstörung und Verzweiflung entstanden ist. Er blieb durch viele Jahrhunderte hinweg Zeichen und Erinnerung an eine Verheißung, die, so wie der einst auferstandene Gott Attis, eines Tages das Heil in eine zerrüttete und verfallene Welt zurückbringen würde. Für diejenigen, die den Knoten pflegten und bewachten, stellte seine massive Präsenz – so verwittert wie sie war – den Beginn einer Idee dar, die man als die „Schule des dionysischen Feuers" bezeichnete.

Wir erfahren, daß das Konzept der „Schule" seinen Ursprung in Ägypten genommen hat. Die Geschichte führt uns in die Zeit von Ramses V. zurück. Gypris, ein karischer Prophet, wurde von Ramses V. gebeten, ein Schreiber-Zentrum in Heliopolis zu gründen. Diesem Plan wurde seitens der Propheten in Heliopolis mit beachtlichem Widerstand begegnet. Nach vielen Kämpfen und Tragödien billigte Ramses den Bau eines Zentrums in der Nähe von Medinet Habu in Oberägypten. Man nannte es Neu-Heliopolis oder „Aun-Amun" (Heliopolis des Amun). Nach dem Tod des Gypris wurde der Schatz, der ihm zum Bau des Neu-Heliopolis anvertraut worden war, von Dima in Fajum weggebracht, um dem Mißbrauch und der Entweihung zuvorzukommen. Zur Sicherheit bewahrte man ihn im Tempel des Amun in Theben auf. Dieser Schatz sollte sich über die kurze Lebensspanne von Ramses V. hinaus mehren und die Ehre der Götter erhöhen, denen er diente. Unter Weachabria erreichte Neu-Heliopolis seinen Höhepunkt. Die Bezeichnung „ausaur bea" (Osiris-Feuer) stammte vom letzten Lehrer des Neu-Heliopolis, einem karischen Priester der „ausaur beat gupras" (Osiris-Feuer des Gypris) namens Moqouros, der als Sohn des Dionysos betrachtet wurde. Moqouros widersetzte sich dem ägyptischen Chauvinismus und erlaubte es den Menschen aus allen Ländern, nach Neu-Heliopolis zu kommen, um die Erleuchtung zu erlangen, die sie suchten. Seine Anhänger kamen aus allen Städten Griechenlands und Asiens. Gordion beherbergte ein besonders großes Kontingent seiner Adepten, die nach Moqouros' Tod auch weiterhin an seinen Idealen festhielten. Jene, die ihm folgten und unter seiner Führung das „Feuer des Osiris" erleben durften – äg.:  (tokurauw nauw samitayauw – „Flammen der Grabesdiener") – bezeichneten sich als „minouw-ausaur qomorauw", „die Erzeugten des Min-Osiris", und wurden aufgefordert, die Früchte ihrer Erleuchtung in der Welt zu verbreiten, um Menschen zu illuminieren, die nicht αρετισθεις „aretisiert" waren.

Nachdem der persische König Kambysses (Gambudscha) Ägypten eingenommen hatte, zeigte er sich daran äußerst interessiert, das Feuer des Osiris zu erlangen, war aber ebenso darauf versessen, den Schatz an sich zu reißen. Einer seiner Agenten wurde damit beauftragt, sich nach Heliopolis in Djeme (Medinet Habu) zu begeben, um „Osor-Apis", also Moqouros, zu bitten, König Kambysses das Feuer des Osiris zu gewähren. Moqouros lehnte ab, und Kambysses ließ ihn töten. Der persische König raubte den Schatz und zwang vier Männer aus dem Kreis des Moqouros, ihm das Feuer zu zeigen. Moqouros' Freunde gaben schließlich unter Druck nach und ließen den König das Feuer von Osiris' mächtigem Gegner Seth erleben. Kambysses wurde infolge dieser unerlaubten Einweihung binnen einem Jahr wahnsinnig.

Nach der Auflösung von Neu-Heliopolis wurde Gordion zum Zentrum des Dionysos-Feuers. Die Stadt behielt unter der Führung der Priesterschaft des Papa diese Ehre, bis im 6. Jahr vor der Ankunft Alexanders das Zentrum zu den Priestern des Apollo auf der Insel Delos verlegt wurde. Wir hören, daß nach der Schlacht von Arbela Alexander zusammen mit Auprassos und Aristokles die Insel besuchte.

Die Hoffnungen, die Moqouros' „Schule" einst erweckte, waren ebenfalls mit den Idealen verbunden, die der Gordische Knoten darstellte. Der Knoten selbst wurde 300 Jahre vor der Ankunft des Alexander von Roneus, dem Tauronomos des Gordios, angefertigt. Wir hören von zwei gegnerischen Parteien, welche um die Herrschaft in Sardis kämpften. Eine Partei wurde von Gordios angeführt, die andere von einem Ortsfürsten namens Hausatas. Miteinbezogen in den Kampf um die Vorherrschaft war auch die Verwaltung des Königsschatzes, der sich in den Händen des Gordios befand. Angesichts der zunehmenden Opposition von Hausatas war es Gordios nicht mehr möglich, die Kontrolle über die Schatzkammer zu wahren, er verlor sie an Hausatas und wurde schließlich von Männern aus seinen eigenen Reihen getötet. Vor seinem Tod aber sah Gordios voraus, daß das Feuer des großen Dionysos über seine Feinde siegen würde. Und so befahl er Roneus, einen Knoten zu bilden, der, wenn er eines Tages durchtrennt werden sollte, das „Feuer" dann „entfache", welches den Kräften der Deinokratie

Einhalt gebieten solle. Der Knoten entstand in Kilikia, wo er 23 Jahre blieb, bis er von einem von Pheinoras' Kämpfern nach Gordion gebracht wurde. Pheinoras war der Sohn von einem der treuen Paladinen des Gordios. Hier nun verblieb der Knoten, bis Alexander ihn 300 Jahre später durchtrennen sollte.

Im Laufe der Geschichte entstanden eindrucksvolle Legenden um den Gordischen Knoten. Eine der beständigsten und folglich wahrsten behauptete, daß derjenige, der den Knoten löse, die Kräfte des Papa (Dionysos) freisetzen und somit ein Dionysisches Zeitalter in Asien einleiten würde. Es bedeutete nicht unbedingt die Herrschaft über Asien, wie viele behaupteten, aber es schloß diese auch nicht aus. Der persische König Ochos gab sich einmal die größte Mühe, den Knoten zu lösen, doch sein Versuch schlug fehl. Nun lag es an Alexander, es zu versuchen. Halynos war sich der Bedeutung dieses Knotens bewußt und drängte Alexander, ihn zu durchtrennen.

An einem milden, sonnigen Morgen des 27. Januar ging Alexander mit 25 Gefährten zum Tempel des Attis hinüber, in der festen Absicht, wegen des Knotens etwas zu unternehmen. Für Halynos sollte dies ein bedeutungsvoller Tag werden. Das Bronzene Geschlecht, das die ‚Astraia' vor langer Zeit vertrieben hatte, sollte nun gestürzt werden. Trotz seiner Nervosität fühlte sich Halynos überaus glücklich. Als er den Tempelhof des Attis durchschritt, schaute er zur Sonne hinauf und machte die folgende Bemerkung zu Agamos, der einige Schritte vor ihm ging: αποστιλβαι ταν χθονα αυγα τας Αστραιας – „Ein Strahl der ‚Astraia' illuminiert die Erde". Dies war eine Bemerkung, welche kurze Zeit später beachtliche Bedeutung gewinnen sollte. Halynos konnte zu Recht mit sich selbst zufrieden sein, denn er hatte es geschafft, Alexander zu überreden, diesen schicksalsträchtigen Knoten zu lösen. Seine Bemühungen wurden auch von Agamos unterstützt, der Alexander zwei Tage vorher eine Botschaft der Götter übermittelt hatte, die besagte: Der Einhalt der Deinokratie verlangt, daß der Knoten von demjenigen durchtrennt wird, der der Deinokratie Einhalt gebieten soll. Alexander verbrachte fast einen halben Tag damit, alles zu überdenken, bevor er seine endgültige Entscheidung traf.

Der Tempel, welcher nach SO-NW ausgerichtet war, befand sich auf einer leichten Anhöhe außerhalb der Stadt. Qoros berichtet von einer Umfassungsmauer, welche den Tempel und das Tempelareal von der Außenwelt trennte. Der Tempel selbst war von ionischen Säulen aus Travertin umgeben. Seine Wände bestanden aus hellbraunem Granit, welcher an der Außenseite roh zubehauen, an der Innenseite jedoch glatt poliert war. Der Tempelboden bestand ebenfalls aus hellbraunem Granit, der im Laufe der Zeit seinen einstigen Glanz verloren hatte. Das Gebäude hatte insgesamt fünf Oberlichter; zu jener Tageszeit allerdings drang das Licht durch die Fenster der rechten Seite ein und ließ den Altar und das Vestibül erstrahlen. Sobald man eintrat, konnte man den Wagen mit dem Knoten zur Linken erblicken. Etwas rückwärts befand sich in der Mitte ein runder Marmoraltar mit der Inschrift: „Typhon wird der Verwüstung preisgegeben". Typhon wurde als der Mörder des Attis betrachtet. Deshalb wurde alles Typhonische am Altar geopfert und so in die Strahlen des Papa verwandelt.

Jene, die Alexander begleiteten und den Knoten vorher noch nicht gesehen hatten, waren recht bestürzt über das, was sie nun vor sich erblickten. Alexander, ein Mann des größten Selbstvertrauens, wurde keineswegs von dem erschüttert, womit er sich konfrontiert sah. Er nannte den Knoten einfach saton ausatas – „ein Gigant der großen Erde", und bekundete große Bewunderung für jene, die den Knoten geschürzt hatten. Es war Onesikritos, der Alexander zurief und ihn aufforderte, den Knoten mit seinem Schwert zu durchtrennen. Alexander nahm sodann sein Schwert und hieb einige Male recht kräftig auf ihn ein, ohne ihm jedoch irgendwelchen Schaden zuzufügen. Halynos fürchtete, daß Mißbilligung Alexander treffen würde, und hatte plötzlich eine Idee. Er erinnerte sich an ein Geschenk, das er einst von seinem Bruder Ranos erhalten hatte. Es handelte sich um ein Brennglas, das Ranos in Syrien in der Nähe von Apamea bekommen hatte. Er zog es aus seiner Börse heraus und zeigte es Alexander. Halynos hatte es sehr gern und war nun bei der Gelegenheit überglücklich, es benutzen zu können. Er schlug vor, daß der Wagen in den Hof hinausgebracht würde, wo er an ihm mit der Linse arbeiten könnte. Daraufhin packten Agamos und Ranos den Wagen und zogen ihn in den sonnenüberfluteten Hof hinaus.

Halynos ging nun fast eine Stunde lang um den Knoten herum, um die Fasern der Stricke wegzubrennen. Nachdem er es geschafft hatte, einige Teile des Knotens im Zentrum zu verbrennen, lockerte er ihn auf diese Weise beträchtlich. Dann bat er Zapyros, einen Strick mit einem „beweglichen Knoten" zu bringen. Ein Lasso wurde um den Knoten gewunden, dann schob man einen hölzernen Hocker unter die Zugstange, um sie zu stützen. Alexander, der seitwärts vom Knoten stand, schnappte das Lasso und zerrte daran mit allen seinen Kräften. Plötzlich durchtrennte er mit einem lauten Krach die untere Hälfte des Knotens, ein Stück vom eichenen Pfosten mit sich nehmend. Dann brach die Hölle los: der Hof war mit Beifalls- und Glückwunschrufen erfüllt. Halynos rief aus: ανυχαεσοστος εστιν α τονος του Αττεος – „Der Tonos des Attis ist angezündet worden!" und begann Agamos und Alexander zu umarmen. Adanos und Aqaras rannten rufend und schreiend aus dem Hof. Sie waren die ersten, die der Armee und den Leuten von Gordion erzählten, was sich soeben im Tempel des Attis ereignet hatte.

Einige Minuten später kam Adanos mit einem offenen Festwagen zurück, den er sich vom Tempel des Dionysos ausgeborgt hatte. Der Wagen, hellblau und lila gestrichen, war aus Espenholz gemacht und wurde von vier Pferden gezogen. Normalerweise benutzten ihn siegreiche Ringkämpfer an Festtagen für ihre Parade. Der getrennte Knoten wurde in den Wagen gebracht, dann sprang Alexander auf, und sie wurden durch Reihen von jubelnden Soldaten und Einwohnern zum Tempel des „Papa" gefahren. Nachdem sie den Tempel erreicht hatten, sprang Halynos auf den Wagen und wickelte Teile des gelösten Knotens um Alexander;

dann erklärte er ihn zum σωτηρ του Ζραυσυνου τονου – „Erretter des Tonos des Sraoscha (Dionysos)". Die Stricke wurden von den Priestern des Papa entgegengenommen, in kleinere Stücke geschnitten und schließlich verbrannt.

Von dieser Zeit an akzeptierte Alexander den Titel des „Soter tou neou Cheironos" – Erretter des neuen Cheiron. Cheiron war unter den Makedonen als der berühmteste Lehrer und Weise der Antike bekannt. Er wurde vergöttert und als der Sohn des Kronos betrachtet. Er kannte und unterrichtete Jason, Qastor und Dourasatas. Von ihm sagte man, er sei auch Ineras, der erste Herakles. Er war der gefürchtete Feind der zerstörerischen Kräfte des „Bronzenen Geschlechtes" und suchte dieses Übel auszurotten, indem er den Leuten half, den Tonos des Dionysos zu erlangen. An diesem Tag kam Alexander unter den Schutz des Cheiron. Sieben Monate später wurde er in Akko feierlich zum σωτηρ του πολυπατωρος – „Erretter des Vaters der Vielen", d. h. Dionysos gekrönt.

Die Perser wußten um die Bedeutung des Knotens. Als sie hörten, was in Gordion geschehen war, nahm ihr Entsetzen darüber zu, was die Auswirkungen wohl sein würden, da Alexander jenen Knoten durchtrennt hatte, was für viele als unmöglich galt. Dies sollte einen ernsthaften Schlag für ihr Prestige bedeuten, einen, von dem sie sich zu erholen nie hoffen konnten. Asien lag nun offen vor Alexander, und der Einmarsch in das Apounta des Nordens war für jenen Augenblick vergessen.

ANHANG ZU KAPITEL III

Der Verfasser wurde gebeten, dem 3. Kapitel die folgende Geschichte hinzuzufügen. Die Episode berichtet von einer Spionageaffäre, in die einst Aristokles verwickelt worden war. Nachdem dieser Bericht verfaßt gewesen war, stellte sich allerdings heraus, daß der echte Übeltäter nicht Aristokles war, sondern sein Schreiber-Kollege Kimon. Kurzum, die Missetaten, die hier Aristokles zur Last gelegt wurden, gelten in Wahrheit Kimon. Der Grund für diese Verwechslung ist der: Nachdem die Affäre aufgeflogen war, konnte Kimon rechtzeitig nach Griechenland fliehen. Sein Schreiber-Kollege Teinias, der zusammen mit Sata und Saratas in Gewahrsam genommen wurde, wurde fälschlicherweise von Aristokles der Komplizenschaft bezichtigt und folglich in die Verbannung geschickt. Das einst begangene Unrecht hat zur Folge, daß aus karmischer Gerechtigkeit die Schuld, die eigentlich Kimon gegolten hatte, Aristokles in diesem Bericht zugeschoben wurde.

Aristokles betrat Alexanders Zelt, kurz bevor er die ςωνη σφαιρας αστραιας verkündete. Während er einerseits Alexanders neuen Plan guthieß, war er andererseits doch nicht voll und ganz damit einverstanden, Apounta zu verlassen. An dieser Stelle bietet uns nun Qoros einen ungewöhnlichen Einblick in Aristokles' wahren Charakter. Er betont hier, daß Aristokles nicht so ein eifriger Befürworter von Alexanders θεου σφαιραι war, wie im allgemeinen geglaubt wurde. Er war dem neuen Plan gegenüber skeptisch und hegte ernsthafte Zweifel hinsichtlich Alexanders Chancen auf Erfolg. Aristokles war gegen die Verlockungen des Goldes nicht gefeit und wunderte sich insgeheim über die im Heer kursierenden Berichte über Gold in Apounta. Wie Qoros hinweist, war es jenes gefährliche Verlangen, welches ihm Schwierigkeiten bringen würde und wahrscheinlich sogar seinen „Sturz" verursachte.

Einige Stunden später traf Aristokles auf Deinophiloras, einen Schreiber des Saratas. Deinophiloras erzählte ihm, daß Apounta Alexander Widerstand leistete, und es Zeichen gab, die andeuteten, daß der Apounta-Plan verworfen werden sollte. Es war Deinophiloras' Aufgabe, als Agent des Saratas auch seine Augen und Ohren offen zu halten, und so kam es, daß er Aristokles von Resonas erzählte, der ihm Geld für die Beschaffung eines ΓΗΛΟΝ anbieten wollte. Wir werden im nächsten Kapitel mehr über diese Gegenstände erfahren; vorerst genügt es zu sagen, daß es sich dabei um einen Gegenstand besonderer Schutzkraft für Alexander handelte, da er den Tonos des Dionysos enthielt. Aristokles willigte ein, und es gelang ihm, das „gilon" von Resis, Alexanders Schatzmeister, gegen einen Anteil an seinem Gewinn zugesichert zu bekommen. Später am Nachmittag überreichte er es Resonos und Saratas im Zelt des ersteren und erhielt dafür eine beträchtliche Summe Gold und Silber.

Anfang Januar entdeckte Alexander den Diebstahl. Resis wurde verantwortlich gemacht und degradiert. Aristokles konnte seine Schuld vertuschen. Das „gilon" wurde Darius' Agenten überbracht. Da es aber binnen eines Tages seine Wirkung verlor, hatte es für die Perser keinen Wert mehr. Aristokles näherte sich Aqroras und bot ihm Geld an, falls er eine Prophezeiung, die Alexander von ihm erhalten hatte, zurückzog. Früh am nächsten Morgen wurde Aqroras stranguliert aufgefunden – Aristokles hatte seinen Mörder angeheuert. Alexander wurde erzählt, Aqroras sei von einem apountischen Agenten des Sata umgebracht worden. Sata wurde ergriffen und gestand, ein persischer Mittelsmann zu sein. Er belastete auch Saratas, der am 8. Januar ergriffen wurde. Einige Tage später wurde auch Resonos gefangen genommen. Alle wurden der Spionage und des Raubes an göttlichem Zierrat angeklagt. Sata und Saratas wurden getötet; Resonos übergab man geistlichen Behörden in Griechenland, die ihn dann bestraften. Keiner von ihnen belastete Aristokles.

Hinsichtlich der Informationen, die Resonos, Sata und Saratas den Persern zur Verfügung stellten, war Darius über Alexanders Pläne – besonders seine apountischen Ambitionen – erstaunlich gut informiert. Wir hören, daß er nichts gegen Alexanders Vorstoß nach Apounta einzuwenden hatte, da er hoffte, Alexander würde jene Stämme bekämpfen, die ja sogar Persien Widerstand leisteten. Noch mehr, er war durch Mittelsmänner bestrebt, Alexander dazu zu ermutigen, dorthin zu gehen. Aristokles z.B. riet Alexander mehrmals in Gordion, den apountischen Plan trotz göttlichen Widerstandes fortzusetzen, aber vergeblich. Darius' Gouverneur von Pontos legte es sogar darauf an, mit Alexander im Fall eines Einmarsches in Pontos zu kämpfen. Und so bekam er auch seine Chance in Issos, wo er in der Schlacht sein Leben ließ.

IV. KAPITEL
DER HELM DES BELLEROPHON

Νικόμαχος δ' ἐν πρώτῳ περὶ Ἑορτῶν Αἰγυπτίων φησί· "τὸ δὲ κόνδυ ἐστὶ μὲν Περσικόν, τὴν δὲ ἀρχὴν ἦν Ἕρμιππος ἀστρολογικὸς ὡς ὁ κόσμος ἐξ οὗ τῶν θεῶν τὰ θαύματα καὶ τὰ καρπώσιμα γίνεσθαι ἐπὶ γῆς· διὸ ἐκ τούτου σπένδεσθαι. Παγκράτης δ' ἐν πρώτῳ Βοκχορηίδος·

αὐτὰρ ὅ γε σπείσας ἐκ κόνδυος ἀργυφέοιο
νέκταρ ἐπ' ἀλλοδαπὴν οἶμον ἔβαινε πόδα."

„Nikomachos sagt im ersten Kapitel seines Buches ‚Ägyptische Feste': Das ‚kondy' ist ein persisches Trinkgefäß; anfangs war es, wie es Hermippos, der Astrologe, beschreibt, der Zierrat, dem Wunder und allerlei Früchte, von den Göttern gesandt, auf Erden entsprangen. Deswegen wurden Trankopfer dargebracht. So Pankrates im ersten Buch seiner ‚Bokchoreis': ‚Nachdem er aus dem silbernen ‚kondy' eine Libation von Nektar ausgegossen hatte, brach er zu einer Reise in fremde Länder auf.'"

Athenaeus, Deipnosophistae, XI. 478b.

„The guardian paused for a long while before answering this question. Then, finally, he told me that in the very distant past the relic had been brought out during all the most important church festivals. More recently its use in religious processions had been limited to just one occasion a year. That occasion was the ceremony known as the ‚Timkat' which took place every January.

‚...It is my responsibility to wrap it entirely in thick cloths before it is carried in the processions...'

‚Why do you wrap it?'

‚To protect the laity from it.'

I remember asking my interpreter to clarify the translation of this last puzzling remark: had the monk really meant ‚to protect the laity from it'? Or had he meant ‚to protect it from the laity'?

It was some time before I got my answer. ‚To protect the laity from it. The Ark is powerful.'"

Graham Hancock, The Sign and the Seal,
Heinemann: London 1992, S. 5–6.

Im ersten Kapitel wurde der Name von Mironis kurz erwähnt, und zwar in bezug auf die Herstellung eines besonderen Gefäßes, das ihm das Leben kostete. Dieses unglückliche Ereignis geschah in Pella fünf Wochen vor dem Aufbruch Alexanders gen Asien. Mironis und sein Gehilfe Souras waren Meisterhandwerker, deren Spezialität die Anfertigung besonderer Gefäße war, von denen in diesem Kapitel in Kürze die Rede sein wird. Beide stammten aus dem Küstengebiet des Schwarzen Meeres, und zwar in der Nähe des Kamtschija-Flusses (nahe Dalgopol) im heutigen Bulgarien, waren jedoch in der Gegend von Byzantium ansässig. Dort gingen sie ihrem ungewöhnlichen Handwerk nach. Fünf Monate vor dem Beginn des asiatischen Feldzuges wurden die beiden an den Königshof von Pella gerufen und mit einer Sonderaufgabe betraut, die Alexander besonders am Herzen lag. Es ging um die Herstellung von fünf Gefäßen, welche Alexander und einem speziellen Kreis von Propheten von außerordentlichem Wert waren. Dieser Prophetenkreis bestand aus fünf Priestern, die sich die „Lotosmänner des Hermes" nannten. Es waren Eunopanos, Alexanders Hauptprophet, Aqaras, Ropuaras, der auch Qadros geheißen hat, Auprassos, dessen griechischer Name Eupyras war, und Theasaras, der mit der Aufsicht gewisser heiliger Tiere betraut war und daher am Feldzug nicht teilnehmen durfte. Die anderen vier begleiteten Alexander nach Asien und spielten später eine große Rolle bei jenen Ereignissen, die sich auf dem Feldzug zutragen sollten. Die Lotosmänner waren unter anderem mit Geräten vertraut, die mit der Manifestation des Göttlichen zu tun hatten und daher brennend an den Fertigkeiten dieser beiden „skythischen" Handwerker interessiert waren.

Nachdem Mironis und Souras angekommen waren, wurden sie zu Alexander geführt, der es sich zur Ehre anrechnete, zwei solche Männer an seinem Hof zu beherbergen. Er bedankte sich bei ihnen für ihre Teilnahme an der Herstellung dieses Gefäßes und verwies sie an Aqaras, der mit der Leitung des gesamten Projektes betraut war. Aqaras teilte ihnen die Anzahl und Größe der gewünschten Gefäße mit und erklärte ihnen die Art und Weise, wie sie hergestellt werden sollten. Mironis und Souras erwiderten jedoch, sie seien mit der Herstellungspraxis, die Aqaras ihnen unterbreitete, nicht vertraut, da diese von einer anderen Tradition herrührte und ihnen daher fremd war. Sie bestanden darauf, den Auftrag nach den Prinzipien der Tradition durchzuführen, die sie kannten. Aqaras erklärte sich damit einverstanden und wies ihnen Räumlichkeiten zu, in denen sie mit ihrer Arbeit beginnen konnten.

Statt fünf Gefäße von 77 cm herzustellen, wie es Aqaras vorgesehen hatte, sollten sie ein einziges riesiges erschaffen, das 2¼ m hoch war. Das Gefäß wurde „hearas" genannt, was in der Sprache von Mironis und Souras einfach „groß" bedeutete. Dem Entwurf nach war der Hearas ein äußerst gewagtes, monumentales Gefäß, welches aus Gold, Silber und anderen Metallen angefertigt werden sollte. Wie Qoros berichtet, lag auf der Herstellung des Hearas kein guter Segen, denn zwei Tage, nachdem sie mit der Arbeit begonnen hatten, erkrankte Mironis an Ruhr und mußte 24 Tage lang das Bett hüten, ehe er wieder in die Werkstatt zurückgehen durfte. Während aber Mironis krank im Bett lag und langsam am genesen war, setzte Souras, sein Adlatus, die Arbeit am Gefäß fort. Sechs Tage nach der Erkrankung von Mironis geschah ein Unfall in der Werkstatt, dessen Ausgang für Souras tödlich war. Über die Ursache des Unfalls gab es keine näheren Angaben. Als Mironis vom Tod seines Freundes erfuhr, wurde er zutiefst betrübt und verfiel in starke Depressionen und Selbstzweifel. Während seiner Genesung bastelte er an einem Amulett, das ihm dabei helfen sollte, diese starken Depressionsmomente abzuwehren. Es nutzte nichts, denn er litt ständig an Selbstzweifeln bezüglich des Ausganges seines Vorhabens. Aqaras bat Mironis wiederholt, sein ursprüngliches Vorhaben abzuändern und fünf kleinere Gefäße anzufertigen statt eines riesigen. Mironis aber lehnte dies mit der Begründung ab, er sei mit dem erwünschten Herstellungsverfahren nicht vertraut. Vier Monate nach dem Tod des Souras kam es zu einem zweiten Unfall, der Mironis tödlich traf. Wiederum schweigt Qoros über die Ursache. Offiziellen Berichten zufolge kippte das

Gefäß um und verletzte Mironis tödlich. Fünf Tage nach seinem Tod wurde das Projekt eingestellt.

Alexander verdankte die Nachricht über einen zweiten Kynros einer zufälligen Indiskretion einer jungen Priesterin im Tempel des semitischen Gottes Raschipo zu Gordion. Die Priesterin hieß Tosa (äg.: Djata, Tata), und stammte aus Buto in Unterägypten. Bevor sie nach Gordion kam, verbrachte sie eine kurze Zeit in Tyros, wo sie von einem wunderbaren Gefäß erfuhr, das sich in Akko befand. Dieselbe Information teilte sie Qadros eines Morgens in Gordion mit, der sofort hellhörig wurde und prompt die Nachricht an Alexander weitergab. Qadros traf Alexander zur Morgenmahlzeit in seinem Zelt. Fünf andere waren anwesend, unter ihnen Aristokles und Halynos, die auch zu dieser Mahlzeit aus Ziegenfleisch und gegrillten Wachteln eingeladen wurden. Als Qadros eintrat, sprach Alexander mit Aristokles über die Beförderung von Phaqas, der als „strategos" zur Rora-Einheit unter Sokrates versetzt werden sollte. Als Alexander hörte, was Qadros ihm mitteilte, war er hell begeistert und wies ihn an, sich einige Reisegefährten auszusuchen und sofort nach Akko aufzubrechen.

Qadros suchte sich vier Begleiter aus und war gerade dabei, sein Pferd mit allem zu bepacken, was für die Reise notwendig war, als Alexander mit Aqaras kam und ihn sprechen wollte. Alexander hatte es sich anders überlegt und teilte Qadros mit, daß die vier Männer, die ihn hätten begleiten sollen, nun dableiben sollten; an ihrer Stelle sollten Aqaras und Qypros mitreisen und möglichst unauffällig nach Akko kommen. Danach sollten sie, auf den Rat von Aristokles hin, sich mit Taras (Python), dem Assistenten von Aras, einem hohen Funktionär der Königin Epiroia von Akko in Verbindung setzen. Aristokles kannte Taras von ihren gemeinsamen Lehrjahren bei Arastuas in Gallien und war der Meinung, daß Taras durchaus zu vertrauen war. In Akko sollten sie dann den Kynros besichtigen und ihn eventuell für Alexander erwerben. Zweieinhalb Stunden nach dieser Unterredung ging Alexander mit Halynos und einigen anderen zum Tempel des Attis, um den berühmten Knoten dort zu erkunden. Kurz nach Mittag brachen Qadros und Qypros nach Akko auf. Aqaras blieb ein paar Tage mit Alexander zurück und begleitete ihn schließlich nach Tyana. Dort bestieg er eines morgens einen abgenutzten Holzkarren, der von zwei Pferden gezogen wurde, und fuhr allein nach Akko, wo er sich später mit Qadros und Qypros traf.

Um die gleiche Zeit, als Aqaras, Qadros und Qypros unterwegs nach Akko waren, trafen zwei Gesandte von Akko in Tyana ein. Der eine hieß Zopyros, stammte aus Samos und war auch bekannt unter dem Namen Tikos. Qoros bezeichnet ihn als Tauronomos der Königin Epiroia von Akko. Wir hören von einem weiteren Titel, welcher im Aramäischen lautete: šapt ar'a, שפט ארעא bzw. Landesrichter. Der zweite Gesandte hieß Aras und war zeitweilig Tikos' Stellvertreter. Die beiden wurden von Astoras (Astar), Epiroias Sekretär, geschickt, um Alexanders Pläne und Absichten Akko gegenüber zu erkunden. Alexander blieb vier Tage in Tyana; Tikos und Aras kamen drei Tage später an. Als erstes suchten sie Retris auf, den Aras bereits von Ephesos kannte. Aras hatte unter anderem die Aufgabe, Alexanders Aktivitäten sorgfältig zu beobachten und hoffte, daß Retris ihm und Tikos eine Audienz bei Alexander verschaffen würde. Retris ging gleich zu Alexander und trug ihm ihr Anliegen vor. Alexander war freilich daran interessiert, das Thema über den Kynros mit ihnen anzuschneiden. Auf den Rat von Aristokles hin hielt er es aber für besser, die Angelegenheit vorläufig nicht zu erwähnen. Aras war Aristokles mittlerweile nicht unbekannt. Er kannte Python, Aras' Assistenten, schon seit ihrer gemeinsamen Lehrzeit bei Arastuas in Gallien. Aus diesen Tagen war ihm Aras' Name ein Begriff, da dieser fünf Jahre vor ihm ebenfalls Unterricht bei Arastuas genossen hatte. Dort hatte sich Aras damals bereits den Ruhm erworben, einer der besten Schüler des Arastuas zu sein. Retris führte die beiden Gesandten zu Alexander; die Unterredung fand im Zelt des Adanos statt. Als erstes befragte Alexander Aras über die Lage in Ägypten. Seitdem göttliche Botschaften ihm von einem Feldzug in Apounta, also in skythischen Gebieten abrieten, interessierte sich Alexander zunehmend für

Nachrichten aus Ägypten. Araios, der Schreiber des Nearchos, konnte Alexander auf dem laufenden halten und versorgte ihn mit den neuesten Informationen über Ägypten. Aras konnte manche Berichte über Ägypten bestätigen u.z.T. noch erweitern, wofür sich Alexander ihm gegenüber gebührendermaßen erkenntlich zeigte. Als nächstes beklagte sich Alexander über die Behandlung von Aupoas, seinem Gesandten in Akko. Er sagte, er werde in seiner Funktion oftmals behindert. Tikos erwiderte, dies sei bedauerlich, aber Alexander könne ruhig auf die Dienste seines Gesandten verzichten, da die akkorische Regierung es auf sich nehmen würde, den König selbst mit Informationen zu versorgen. Alexander freute sich über die Kooperation seitens Akko und versicherte der Stadt, daß er die „Arianoi" schlagen würde. Bevor die beiden Gesandten endgültig Abschied nahmen, fügte Tikos hinzu, daß Alexander mit den Nachrichten über Ägypten zufrieden sein könne, da dieses bereits als Feind der Perser gelte. Trotz der offenen Schaustellung von Herzlichkeit war die Atmosphäre während der Unterredung zwischen den beiden Parteien etwas gespannt. Aras und Tikos waren nicht in der Lage, mehr über Alexanders eigene Absichten Akko gegenüber zu erfahren. Alexander für seinen Teil sah keinen weiteren Anlaß, die beiden in seine Pläne bezüglich Akko einzuweihen. In Wirklichkeit hatte er aber schon zu diesem Zeitpunkt die Absicht, mit seiner Armee nach Akko zu marschieren. Diese Information enthielt er natürlich den beiden Gesandten vor. In der Tat brannte er darauf, nach Akko zu reisen um den Kynros zu erwerben. In dieser Hinsicht hoffte er auf eine offizielle Einladung, die Stadt besuchen zu dürfen; als diese nicht erfolgte, wurde er mißtrauisch gegenüber dem Hof zu Akko und hielt es für ratsamer, seine Pläne weniger auffällig zu entfalten, bis sich eine günstigere Gelegenheit ergäbe.

Kurz nachdem die Audienz bei Alexander beendet war, trafen sich Tikos und Aras mit Araresqos, der inzwischen zu einem von Alexanders Hauptingenieuren geworden war. Aras teilte Araresqos mit, daß er gerne Arupas aufsuchen würde, den er einmal zusammen mit Retris in Ephesos kennengelernt hatte. Araresqos antwortete, dieser sei Schreiber von Aristokles, der Alexander als Prophet und Berater diene. Aras' Neugier wurde nun erst richtig geweckt, und er wollte mehr über Aristokles erfahren. Araresqos schlug ihnen vor, es wäre besser, zu Retris zu gehen, da dieser ihnen in dieser Angelegenheit behilflicher sein könne. Die beiden Gesandten entschlossen sich, einen kurzen Besuch bei Retris zu machen, um ihn zu fragen, ob er sie zu Aristokles führen würde. Retris hatte keine Einwände dagegen und deutete sogar Aras gegenüber an, daß er und Aristokles etwas gemeinsam hätten, da dieser auch von Arastuas in Gallien seine Ausbildung erhalten habe.

Sie fanden Aristokles im Zelt von Qypros. Er war gerade im Begriff, eine kleine Sammlung goldener Scheibchen zu untersuchen, die Qadros vor kurzem angefertigt hatte, bevor er nach Akko aufgebrochen war. Die Gegenstände, mit denen Aristokles sich in jenem Augenblick beschäftigte, waren kleine runde Scheibchen, auf denen ein achtzackiger Stern abgebildet war. Die Makedonen nannten diese „polyqyrai"; der griechische Begriff war „stelai".

Nachdem Aras und Aristokles einige gemeinsame Erinnerungen über Gallien ausgetauscht hatten, ergriff Tikos das Wort und sorgte für eine kleine Überraschung. Er sagte, daß ein Schreiber des Astoras diesem eine Prophezeiung hatte zukommen lassen, die besagte, daß Alexander an der Astraia zugrunde gehen würde. Bei dieser Information wurden Retris und Aristokles gleich hellhörig, denn Astraia war ein anderes Wort für Apounta. Offensichtlich nahm ein Schreiber in Akko dieselbe oder eine ähnliche Prophezeiung wahr, die Aqaras in Gordion mitgeteilt wurde. Unter „Astraia" verstand man in erster Linie das goldene Zeitalter. Astraia war die Sternenjungfrau, die sich mitten unter den Menschen niederließ und bei diesen weilte. Als sie auf Erden anwesend war, erlebte die Menschheit einen paradiesischen Zustand. Erst als das eherne Geschlecht kam, das die ersten Waffen schmiedete und Unrecht tat, flog die Astraia gen Himmel und nahm Wohnung unter den Sternen. Astraia deutete sowohl auf eine glückliche Epoche als auch auf ein Territorium hin, das einst existierte, ehe das Böse in die

Welt kam. Ähnliche Vorstellungen von einem paradiesischen Zustand gab es auch in anderen Kulturen. Die Mesopotamier sprachen von Dilmun; die Ägypter vom Zeitalter des Osiris, als dieser in Hinonsouwa (Herakleopolis) weilte. Mit dem Begriff Apounta, mit dem Alexander vertraut war, verbanden sich ähnliche Gedanken von einem goldenen Zeitalter; aber bei Alexander hatte es die zusätzliche Bedeutung von einem unermeßlichen, doch weitgehend unerforschten Gebiet, das sich von Indien bis nach Gallien hinein erstreckte und das er in einem einzigartigen, machtvollen Reich vereinigen wollte. Von diesem apountischen Gebiet aus sollten Dionysos und alles, was ihm verbunden war, wieder seinen Siegeszug antreten, damit ein neues „Apounta" entstehe. Retris und Aristokles wußten nicht, ob Tikos und Aras mit den Einzelheiten des „Lynkäischen Mantels" vertraut waren, waren sich jedoch des vollen prophetischen Umfangs von Tikos' Mitteilung sehr bewußt. Aristokles blieb ruhig; Retris war sichtlich alarmiert. Mit einem offensichtlichen Hinweis auf Alexander erwähnte Tikos im nächsten Atemzug, daß es dem großen Kyros, König der Meder, auch gelungen sei, Ahriman und Ares zu besiegen. Doch Kyros verdankte seinen Sieg über Ares den αστρα φιλα, „seltenen Sternen", die auf jenen Scheibchen abgebildet waren, (mit denen Aristokles vor kurzem noch beschäftigt war), und diese würden auch Alexander zum Sieg verhelfen, antwortete Retris. Tikos erwähnte weiter, daß Kyros Ares durch die „aqonda" zu besiegen vermochte, wohl wissend, daß Retris dem nichts mehr entgegenzusetzen hätte. Mit dieser Bemerkung deutete er darauf hin, daß Akko nun über die Aqonda verfüge, welche Kyros einst zu seinen Siegen verholfen hatte, und er, Tikos, Akko mit diesem Gefäß auch „zum Glanze erheben würde" (aqondarai), so wie einst Ilion „im Glanze erstrahlte" (aqondamenon). Damit behauptete er, daß Akko das neue Troja sei. Er versuchte Retris klar zu machen, daß Ahriman Alexander besiegen würde, wenn jene „Stelen" von der Aqonda nicht geladen würden. Dann bat er Retris, ihm einige Stelen zu geben, damit sie von der Aqonda in Akko energetisiert werden könnten. Retris war nicht gleich damit einverstanden, wurde aber von Aras überredet, der ihm erklärte, daß die Aufladung auf die übrigen Stelen, die in Alexanders Besitz waren, rückwirkend sein würden. Dies war allerdings eine glatte Lüge, welche Retris und Aristokles in der momentanen Situation zu durchschauen nicht imstande waren. Retris und Aristokles willigten ein und wollten Tikos und Aras vier Stelen schenken. Tikos lehnte sie als Geschenk ab, wollte sie aber kaufen. Aras bot Retris und Aristokles je 15 Golddareiken an, welche die beiden annahmen.

Am nächsten Morgen brachen Aras und Tikos auf, um nach Akko zurückzukehren. Aristokles und Retris informierten Alexander über das Treffen mit den beiden Gesandten, wobei auch Einzelheiten über den Kynros zur Aussprache kamen. Sie unterließen es aber, Alexander über den Verkauf der „Stelen" und das Gold, das sie dafür erhielten, zu berichten.

In Akko eingetroffen, suchten Qadros, Aqaras und Qypros Taras auf und erklärten ihm ihr Anliegen. Taras ließ sie wissen, daß sie sich an den „υπαρχος", den Vizekönig Tikos, wenden müßten, der jedoch zur Zeit mit Aras in einer Mission zu Alexander unterwegs sei. Nach der Vorstellungsunterredung veranlaßte er, daß Alexanders Gesandte vorübergehend bei Aqouras, einem Schreiber des Aras, Quartier beziehen konnten, wo sie sechseinhalb Tage warten mußten, bis Tikos und Aras von Tyana zurückkehrten.

Sobald nun Tikos, kurz nach seiner Ankunft in Akko, von Alexanders Gesandtschaft erfuhr, wurden die drei Männer bei ihm vorgelassen. Qadros ließ ihn wissen, daß Alexander daran interessiert sei, sich den Kynros anzuschauen, und zu diesem Anlaß bereits unterwegs nach Akko sei. Diese Meldung überraschte Tikos überhaupt nicht, da er ja seine eigenen Wege und Mittel hatte, sich wichtige Informationen zu besorgen. Er bat nun Qadros, Alexander auszurichten, daß Astoras (Astar), der Kanzler von Königin Epiroia, ihm gestatte, den Kynros zu sehen; überdies soll er Aras anweisen, möglichst bald zu Alexander zu reiten und ihm die Einladung mündlich zu überbringen, nach Tarsos zu kommen, wo er die Gelegenheit habe, den Kynros zu sehen.

Zwei Tage später wurde Qadros von Taras benachrichtigt, daß Aras ihn zum Kynros führen würde. Qadros ging nun mit Aras zu dessen Quartier, wo auch Tikos schon auf sie wartete, um zusammen den Schatzmeister und Hüter des Kynros, Demos, im Tempel des Adad zu treffen. Der Schatzmeister führte sie zur Tempelkrypte hinunter, und Aras schloß ein metallenes Tor auf, das aus Elektron geschmiedet war. Als erster betrat Demos den Raum und hängte eine Fackel seitlich an der Wand auf, dann folgten ihm die anderen ins Gewölbe. Hier befand sich nun auf einem runden Marmoraltar, mit einem blauen Seidenschleier bedeckt, jener prachtvolle Kynros, den Qadros und seine Freunde seit vier Jahren für Alexander zu erwerben bemüht waren. Sie erblickten zur Rechten eine Statue des Adad. Im Schein des Fackellichtes glänzten die mit einem messingartigen Metall verkleideten Wände. Demos tat nun etwas Eigenartiges: er gab eine geleeartige Substanz, die er aus der Schatzkammer mitgebracht hatte, in das mächtige Gefäß. Aras bereitete sie nun darauf vor, daß der παρδος (Luchs) erscheinen würde. Daraufhin begann der Kynros in einem wunderschönen, karmesinroten Licht zu erstrahlen, das den ganzen Raum überflutete. Die Anwesenden wurden von der Intensität jenes Lichtes regelrecht überwältigt. Solch eine ungeheure Energie, die der Kynros ausstrahlte, erfaßte Aras und schleuderte ihn buchstäblich gegen die Wand; dabei fiel ein wertvoller Rhabdos, maked.: ΓΗΛΟΝ, ΓΑΡϘΑΣ, den er trug, zu Boden und zerbrach. Tikos wandte sich zu Aras und meinte, daß Alexander die Perser schlagen würde. Qadros ergriff plötzlich einen Thyrsosstab und hielt ihn vor sich. Demos bedeckte das Gefäß wieder mit dem Schleier, und sie verließen den Raum, der noch immer so einzigartig leuchtete.

Als sie die Stufen der Krypte wieder hinaufgestiegen waren, teilte Tikos Qadros mit, daß Alexander den Kynros gegen die Perser benutzen dürfe, denn Qadros war fest im Glauben, daß der Kynros Alexander zum Sieg über die Perser führen würde. Nachdem sich Aras von den beiden verabschiedet hatte, begaben sich Tikos und Qadros zu einer Kammer im Prytaneion, um die nötigen Einzelheiten des Transfers zu besprechen. Sobald sie sich auf Sofas (Κλιναι) bequem niedergelegt hatten, bat Tikos einen Diener „siraion" einzuschenken – eine Art abgekochten Traubenmost. Qadros kam nun schnell zur Sache. Er sagte, er spreche im Namen von Alexander, der daran interessiert sei, den Kynros zu erwerben, und als sein Bote sei er berechtigt, ihm verbindliche Zusagen in Hinsicht auf gewisse Vereinbarungen, welche getroffen werden, zu unterbreiten. Auch Tikos hätte gern das persische Joch abgeschüttelt gesehen und war offensichtlich ernsthaft überzeugt, daß Alexander siegen würde. Außerdem war er mit seinem Los in Akko unzufrieden, was er Qadros offen gestand. Phoras, dem sturen Liebhaber der Königin, den er allerdings nicht ausstehen konnte, müsse er ständig Beistand leisten. Überdies mache ihm Aras auch zu schaffen, der doch stets bestrebt sei, seine Machtposition auszubauen. Deshalb würde er sich glücklich schätzen, Alexander folgen zu dürfen. Dies ließe sich arrangieren, meinte Qadros. Tikos fügte hinzu, daß Aras einst seinen Freund Enis durch einen „aqrotypa"-Schlag verletzt hatte und daher in die Schranken gewiesen werden müßte. Qadros schlug vor, Aras solle in Akko bleiben; man könne veranlassen, daß er die Stellung des Astoras übernimmt. Er würde Aras auch dazu bringen, das „stoparon" an Astoras zurückzugeben, das Taras, sein Assistent, einst gestohlen hatte – eine Tatsache, die Tikos noch immer mit Besorgnis erfüllte und die er gerne abgeschlossen sehen wollte. Dieses Stoparon war nämlich ein Brustpanzer aus Gold, Silber und anderen Metallen mit einem rosaroten Stein an der Innenseite des Panzers. Man sagte diesem Brustpanzer magische Kräfte nach, zumal der Stein, der daran befestigt war, ein Fragment darstellte, dessen Herkunft noch auf den Planeten Phaethon zurückzuführen sei. Tikos klagte, Aras würde es Astoras nie zurückgeben. Qadros erwiderte, daß, wenn die Umstände günstig wären, er dafür sorgen würde, daß Aras nach Griechenland geschickt werde. Er fügte weiter hinzu, daß unter Alexander Tikos auch ein neuer Κυριος über den Kynros würde. Tikos erklärte sich mit den Arrangements einverstanden und meinte, er spreche auch im Namen von Astoras, der für engere Beziehungen zu den Makedonen sowie für die Übergabe des Kynros an Alexander sei.

In der Tat wurde die Übergabe des Gefäßes an Alexander besiegelt, ohne daß Aras davon in Kenntnis gesetzt wurde. Obwohl Epiroia die Königin war, bildeten, neben dem persischen Statthalter, Tikos, Astoras und Aras ein Triumvirat, das die wirkliche Macht in Akko darstellte. Innerhalb dieses Triumvirats war Aras allerdings der Sonderling, vor dem sich Tikos und Astoras in acht zu nehmen hatten. Aras besaß Talente und Fähigkeiten, die ihn zu einem starken Rivalen und überaus gefährlichen Gegner machten. Obwohl Tikos und Astoras rangmäßig höhergestellt waren, stellte Aras die eigentliche Macht im Staat dar. Vor ihm fürchteten sie sich und trachteten lange danach, ihn loszuwerden. Die Ankunft Alexanders bot ihnen daher eine willkommene Gelegenheit, sich dieses lästigen Rivalen endlich einmal zu entledigen.

Später am selben Tag besuchte Aras Qadros in dessen Quartier. Angesichts der häufigen Intrigen, die gegen ihn angezettelt wurden, wollte Aras mehr darüber herausfinden, was tatsächlich zwischen Tikos und Qadros ausgehandelt worden war, um nötigenfalls seine Position günstiger abstecken zu können. Nachdem er Qadros im ελαιων (Olivengarten) von Taras' Villa gefunden hatte, ging er zu ihm und behauptete, daß Taras mehrmals versucht habe, ihn zu ruinieren, und noch dazu sich erdreistete, des Kynros habhaft zu werden. Qadros erwiderte, daß Taras gegen ihn opponiere, weil Aras allzuoft Tikos etwas zu Fleiß mache. Er berichtete weiter, daß es Tikos gelungen sei, ihn gänzlich von den neuen Plänen über den Kynros auszuschließen. Aras hatte das bereits geahnt, ließ sich aber sein Unbehagen nicht anmerken, sondern erzählte, wie Akko zum Kynros gekommen sei, und welche Rolle dieser in jener Gegend spielte. Er erzählte, daß Anas einst der Tauronomos des Königs Araias von Akko war, und bezeichnete diesen Anas als Herakles.[1] Er sagte, daß Anas Herakles den „Ethpola", das akkorische Parlament (υπαρχια), gegründet hatte. Anas reiste dann nach Ägypten und erwarb dort den Kynros, den die Ägypter „ekrauw" nannten, in der Nähe von Fajum (Dima). Er brachte den Kynros sowie das Abbild eines Sternes nach Akko und

1 Qoros weist darauf hin, daß Aras sich hier irrte. Anas hatte das herakleische Amt nie bekleidet.

verkündete, daß diese Araios beschützen würden. In den folgenden Verteidigungskriegen gegen die Syrer trug Araios den Sieg davon und konnte das Land anschließend mit der Kraft des Kynros reinigen. Das geschah fünf Jahre, nachdem Kyros zum Herrscher über die Meder geworden war.

Aras erzählte weiter, daß vor sieben Jahren der Kynros nach Gallien gebracht wurde, und zwar nach „Ailora", das sich damals in der Nähe des heutigen Reims befand. König Saqa von Ailora bat Akko, ihm zu helfen, einen Ethpola zu gründen genau wie den, dessen sich Akko rühmte. Der Ethpola war eine Art „theoboule" (Götterrat), bestehend aus 23 Mitgliedern, die die verschiedenen akkorischen Stadtteile vertraten. An der Spitze stand ein „archiereus", der Hohe Priester des Staates, der zusammen mit zwei Assistenten den Vorsitz über den Ethpola führte. Maßgebend für den Ethpola waren die Ratschläge der Gottheit, die sich durch einen Becher kundtaten, an dessen Basis ein Meteoritengestein eingelassen war. Von diesem Becher wurde gesagt, er pflege sich bei gewissen Urteilen nach bestimmten Richtungen zu bewegen. Akko unterhielt Handelsbeziehungen zu Ailora. Von dort bezog die Stadt ein hochgradiges Eisen. Durch diese Hilfe an Ailora wollte sie ihre Beziehungen noch weiter vertiefen. Außer einem militärischen Geleit von 140 Soldaten bestand die Gesandtschaft aus 35 Personen, angeführt von Araias, dem Archiereus des Ethpola; Aras war einer seiner Stellvertreter.

Unsere Quelle berichtet – Aras' Geschichte ergänzend – von Schwierigkeiten, welche während des Aufenthaltes der Gesandtschaft in Ailora auftauchten. Aras schien bei diesen eine nicht unwesentliche Rolle gespielt zu haben. König Saqa wurde von einem benachbarten Häuptling namens Rapuqa gestürzt, der die Macht an sich riß. Dieser führte dann Krieg gegen eine andere Stadt, zerstörte sie und brachte reichlich Beute nach Ailora zurück. Der neue Reichtum und die dadurch erwachte Gier untergruben die Wirksamkeit des Ethpola und des Kynros, da diese unter derartigen Umständen nicht mehr optimal funktionieren konnten.

Araias versuchte, dem sich anbahnenden Unheil Einhalt zu gebieten und kam dabei ums Leben. Unmittelbar nach dem Tod des Araias wurde die Gesandtschaft samt Geleit angegriffen, und fast alle wurden ermordet. Nur wenige konnten entfliehen. Insgesamt schafften es nur sechs, nach Akko zurückzukehren. Anfangs drohte man Aras, falls dieser Rapuqa nicht diente. Später machte er freiwillig mit. Schließlich konnte er die Lage zu seinem Vorteil wenden. Es fiel ihm nicht schwer, eine Machtposition in Ailora aufzubauen. Zu diesem Zweck diente ihm der Kynros. Er konnte Reichtümer anhäufen, und, wie Qoros berichtete, schwebte ihm der Gedanke vor, Akko zu erobern und die Stadt unter seiner Führung zum neuen „Troja" zu machen. Zwei Jahre nach dem Tod des Saqa starb Rapuqa unter mysteriösen Umständen – laut Bericht –, und Aras wurde zum Berater des neuen Königs ernannt. Im dritten Jahr traf eine neue Gesandtschaft aus Akko unter der Führung des Aqouras in Ailora ein. Aqouras war jetzt der neue Archiereus und Dinonomos, der ihn begleitete, der neue Hyparchos. Dinonomos überredete Aras, nach Akko zurückzukehren. Er sagte, daß es Aqouras gelungen sei, die Oberhand über Tikos zu erlangen, und versprach ihm die Kanzlerschaft von Akko.

Aras ging mit Aqouras und Dinonomos nach Akko zurück. Er brachte zwei wertvolle Gegenstände aus Ailora mit, das Stoparon, von dem vor kurzem die Rede war, sowie einen phrygischen Helm, beide später von Alexander hochgeschätzt. Man sagte über die beiden Gegenstände, daß von ihnen besondere okkultische Kräfte ausgingen. Den Kynros aber ließ Aras in Ailora zurück als Bezahlung für gewisse Dienste, die man ihm dort erwiesen hatte. Qoros berichtete, daß der Kynros als Bezahlung zur Beseitigung des Rapuqa gedacht gewesen war.

In Akko wurde Aras, wie vereinbart, zum Kanzler ernannt. Diesen Posten behielt er allerdings nur vier Jahre, bevor er durch Intrigen seitens Tikos und Taras abgesetzt wurde. Ein Jahr später kam ein gallischer „archon" namens Vrapuras (Vžapura) zu Tikos, der erneut an der Macht war, und bat um Hilfe, den Kynros wiederinstandzusetzen. Dieser hätte, wie er erklärte, durch die Verbrechen und Gier seiner Besitzer seine magischen Kräfte verloren. Tikos veranlaßte, daß Arovias, ein Priester und „Pyragos" des Gottes Dionysos, nach Gallien geschickt wurde, um den Kynros wieder zu „laden". In Gallien nahm Arovias den Kynros an sich und floh damit nach Griechenland, und zwar nach Sparta. Von dort ging er nach Qumon in Sizilien, wo er zufällig später von akkorischen Gesandten aufgespürt werden konnte. Dinonomos und Aras wurden gleich nach Sizilien geschickt, um den Kynros wieder nach Akko zu holen. In Qumon, erfahren wir, daß zwei politische Fraktionen bestrebt waren, den Kynros und dessen Hüter für sich zu beanspruchen. Zwei Archonen waren wegen des Gefäßes ermordet worden, bevor Aras und Dinonomos dort eintrafen. Die zwei Gesandten wurden gleichfalls in die politischen Wirren der Stadt verwickelt, wobei Aras einen der Rivalen um die „archonia" (Archonschaft) mit dem Kynros töten mußte, um diesen dann in seine Macht zu bekommen. Um den endgültigen Besitz des Kynros kam es zu einem Ringkampf zwischen Dinonomos und Arovias, der nicht nach Akko zurückkehren wollte. Dinonomos gewann den Kampf und nahm den Kynros in Besitz. Danach trafen sie Vorkehrungen, an Bord eines Schiffes zu gehen, das für die Flucht vorbereitet war.

In Akko erwartete Vrapuras, daß der Kynros ihm zurückgegeben werde; er mußte allerdings erfahren, daß Dinonomos der neue Besitzer war, und, um den Kynros zu erhalten, mußte er, wie es der Brauch verlangte, mit ihm ringen. Es kam erneut zu einem Ringkampf, den Dinonomos bestreiten mußte, um den Besitz des Kynros auch weiterhin zu sichern. Er konnte ein zweites Mal den Sieg davontragen, und somit verblieb der Kynros in Akko. Später verzichtete Dinonomos auf den Besitz des Kynros, indem er ihn Tikos schenkte. Dieser behielt ihn bis zum Aufstieg Alexanders.

Qadros hörte aufmerksam zu, während Aras ihm seine Version der Geschichte erzählte. Nachher sagte er Aras, daß „Aigios" (der Luchs) ihn daran hindern würde, den Kynros zu behalten, und daß dieser an Aristokles gehen würde, den Aigios indessen bestimmt hatte, über ihn zu wachen. Aras erwähnte sarkastisch – wenn Aigios ihn hindert, bringe er sich selbst darum, seine eigene Geschichte zu erzählen. Dann ging er weg und überlegte sich, wie er Tikos' Pläne zunichte machen könnte. Er war fest entschlossen niemals zuzulassen, daß der Kynros den Makedonen dienen werde.

Aras handelte schnell. Innerhalb von dreieinhalb Stunden heuerte er ein Schiff an und bat einen zypriotischen Priester namens Memnon, der unter anderem Thyrsoi anfertigte, Vorkehrungen für eine Reise zu treffen und sich ihm anzuschließen. Beide gingen dann hinunter ins Gewölbe des unterirdischen Sanktuars, wo der Kynros aufbewahrt wurde. Sie nahmen ihn an sich und machten sich zu dem Schiff auf, mit dem sie kurze Zeit später in Richtung Kreta segeln wollten.

In einem Hafen gelandet, der 5 km von Phaistos entfernt war, gingen Aras und Memnon in die Stadt, um einen Bekannten von Aras aufzusuchen. Dieser hieß Ekras und war Schreiber und Assistent eines Zeus-Priesters in Phaistos namens Timoqratos. Aras kannte Ekras von früher, als dieser zwei Jahre lang Gesandter in Akko war. Ekras erzählte Aras von einem Stoparon in Phaistos, das viel stärker war als das, das die Akkorisier aus Gallien hatten. Dieses Stoparon war der Grund für Aras' Aufenthalt in Kreta, denn er wollte sich diesen Brustpanzer beschaffen. Mit dem Kynros und dem Stoparon beabsichtigte er nach Persien zu fahren und dem persischen Hof seine Dienste anzubieten. Er wollte weiter Herr über den Kynros bleiben und dachte, dies besser unter Darius als unter Alexander verwirklichen zu können. Er fürchtete, daß, solange Tikos und Astoras unter Alexander eine so hohe Position innehatten, ihm der Zugang zum Kynros versagt bliebe.

Als Aras nun zu Ekras kam, erfuhr er, daß Alexander bereits über das Stoparon Erkundigungen einzog. Arupas, damals der Schreiber des Aristokles, wurde hingeschickt, um Timoqratos zu bitten, Alexander das Stoparon für die Zeit seines Krieges gegen Persien zu überlassen. Timoqratos war damit einverstanden, und Einzelheiten wurden besprochen, wie das Stoparon und sein Gestell an Alexander übergeben werden sollten. Es wurde auch ausgemacht, daß Ekras gleichfalls mitgehen sollte, um für die Instandsetzung und Erhaltung des „αρμα" zu sorgen. Beide waren vom στολος gegen Persien begeistert und fühlten sich geehrt, ihre αστροπυροτεχνη (astro-pyrotechnische Mittel) zum Fall des persischen Reichs beitragen zu können. Aras war über die Vergabe des αρμα an die Makedonen etwas verstört, sagte aber Arupas freundlichkeitshalber, daß das Stoparon Alexander von großer Hilfe sein werde. Trotzdem ging er so weit, Arupas Geld anzubieten, um es ihm abzukaufen, so sehr wollte er den Brustpanzer samt Gestell haben. Arupas lehnte energisch ab und somit war die Sache erledigt. Aras konnte sich kaum mit dieser Situation abfinden und war entschlossen, des αρμα nötigenfalls mit Gewalt habhaft zu werden. Am Abend brachen er und Memnon mit Hilfe eines bestochenen Wächters ins Gewölbe des Zeus-Tempels ein, wo das αρμα aufbewahrt wurde. Sie trafen auf Ekras, der dabei war, es auf die Reise vorzubereiten. Es brach ein Kampf aus, wobei Ekras ums Leben kam. Timoqratos und Arupas kamen gelaufen, um zu sehen, was vor sich ging. Im Kampf mit Aras wurde Timoqratos umgebracht. Arupas schrie plötzlich: τιθεσα στοπαρον ναρθηξ εχρασαι τωι ραβδωι (seltsamer delischer Dialekt). Aras wurde augenblicklich verwirrt und wollte Arupas dazu überreden, sich ihm anzuschließen, da sie sich von früher kannten. Da Arupas sich weigerte, schlug er ihn bewußtlos zu Boden und machte sich mit dem Stoparon davon.

Bei Tagesanbruch tauchte Arupas am Hafen auf. Dort traf er sich mit Aras und Memnon, die inzwischen ein Boot anheuerten, das ursprünglich nach Samos segeln sollte. Aras bot dem Kapitän viel Geld, damit er sie nach Heraklea am Schwarzen Meer bringe. Arupas erklärte sich geschlagen und war bereit, sich Aras und Memnon anzuschließen. Es fiel ihm nicht im Traum ein, Alexander zu verraten, er wollte aber das Stoparon nicht aus den Augen verlieren, mit dessen Anschaffung man ihn in erster Linie beauftragt hatte. Indem er sich bereit erklärte, mit Aras gemeinsame Sache zu machen, hoffte er auf eine Gelegenheit, mit dem Brustpanzer zu fliehen und eventuell wieder zu Alexander zurückzukehren.

Während der Schiffsfahrt sah Arupas den Kynros einige Male, hatte aber keine Ahnung, was das Gefäß bedeutete. Aras machte ebenfalls keine Anstalten, ihn darüber aufzuklären. Als in Heraklea endlich der Moment günstig war für ihn, den Brustpanzer an sich zu reißen und sich damit davonzumachen, versäumte er eine gute Gelegenheit, jenes Gefäß mitzunehmen, das Alexander sehnlichst suchte. Arupas schlug sich durch Klein-Asien und konnte schließlich in Akko wieder zu Alexanders Armee stoßen.

Aras segelte weiter nach Amisos, wo er Kontakt mit einem hohen persischen Beamten aufnahm. Er versuchte, ihm in fließendem Persisch zu erklären, daß er eine „qanda" (κονδυ) für König Darius habe. Der Beamte brachte ihm allerdings kein Verständnis entgegen und tat ihn einfach als einen Spinner ab. Aras war fest entschlossen, sich ein zweites Stoparon zu besorgen, um einmal die Macht dieses Geräts demonstrieren zu können. Dadurch hoffte er, sich eine Audienz am persischen Hof zu verschaffen, wo er seine ehrgeizigen Pläne um die Macht verwirklichen können würde. Von Memnon erfuhr er, daß Zypern über einige Stopara verfügte, und man mit einem gewissen Geschick eines bekommen könnte. Aras blieb noch vier Tage in Amisos, um seltsame thrakische Riten zu vollziehen. Qoros berichtet, daß er einen Knochen benutzte, ein sonderbares Symbol oder Zeichen des Qaras, um den dortigen persischen Satrapen zu schädigen, da dieser Aras' Angebot verschmäht hatte. Danach brach er nach Zypern auf.

In Akko – Qadros war außer sich vor Wut, als er in der Früh erfuhr, daß Aras am vorherigen Tag mit dem Kynros geflohen war. Er suchte zusammen mit Aqaras, Qypros und einigen akkorischen Beamten die ganze Stadt ab, um ungefähr den Ort herauszufinden, wo sich Aras aufhielt. Am Nachmittag trafen sie auf einen Priester des Adad, namens Stopas, der ihnen erzählte, er habe zufällig am Abend Aras und Memnon in Richtung Hafen gehen sehen. Am Hafen konnten sie einige Fischer finden, die berichteten, daß die beiden Gesuchten an Bord eines Schiffes gegangen waren, das nach Zypern bestimmt war. Offensichtlich konnte Aras den Schiffskapitän überreden, seinen Kurs zu ändern und auf Kreta zuzusteuern. Am Spätnachmittag konnte ein Schiff angeheuert werden, das Qadros und Aqaras nach Zypern bringen würde. Qypros sollte in Akko zurückbleiben, um eventuell Alexander, dessen Einzug bald erwartet wurde, darüber zu berichten, was geschehen war.

Qadros und Aqaras legten im Hafen von Salamis an und konnten Quartier bei Aias finden, dem Tauronomos des Königs Pnytagoras von Salamis. Wochen verstrichen, ohne irgendein Zeichen von Aras und Memnon zu erhalten. Während dieser Zeit schrieb Aqaras an Alexander, der sich in Tarsos aufhielt, und erklärte ihm ihre Lage. Alexander bat Auprassos, sich in Soli einzuschiffen und nach Salamis zu segeln, allerdings nachdem er Paqaras in Side einen Besuch abgestattet hatte. Auf Zypern sollte er sich mit Aqaras und Qadros treffen – (dort hat man ihn über die wahre Situation aufgeklärt) – und sie in ihrem Bemühen unterstützen, Aras ausfindig zu machen. Qoros erklärt, daß Auprassos ein erfahrener Mantiker gewesen sei und aus diesem Grund dabei helfen sollte, Aras geistig zu lokalisieren. Offensichtlich versagten ihm seine Kräfte oder Aras verfügte zu jener Zeit über den besseren Schutz, weil Auprassos ihn weder auf Zypern noch auf Kreta, noch in Pontos zu finden vermochte. Ihm wurde allerdings mitgeteilt, daß es ihnen doch gelingen würde, Aras auf Zypern festzunehmen, was sich im Endeffekt als richtig erweisen sollte.

Sieben Wochen später wurde Aras von Qadros im Tempel des Zeus in Salamis gesehen. Aras war gerade dabei, sich ein „gilon" (garqas) zu besorgen, als Qadros sich ihm näherte und ihn ansprechen wollte. Ein Kampf brach zwischen den beiden aus, und Aras wurde arg geschlagen. Aqai, ein Ägypter, der an diesem Tag Aras und Memnon begleitete, konnte Qadros davon abhalten, mehr Schaden anzurichten. Memnon eilte Aras zu Hilfe und kümmerte sich um seine Verletzungen. Aqaras, der nicht weit war, eilte herbei und half Aqai, Aras zum Arzt zu bringen. Qadros wandte sich an Memnon und befahl ihm, ihn schnellstens zum Kynros zu führen. Nachdem Qadros den Kynros in Besitz genommen hatte, brachten er und Memnon das Gefäß zu einem Freund des Aias, einem Metallhandwerker namens Mirsis. Qadros wollte wissen, ob dieses kostbare Gerät beschädigt sei. Mirsis untersuchte es auf Kratzer und Dellen, stellte jedoch fest, daß es keinen Schaden erlitten hatte. Aras kannte den Wert dieses einmaligen Kelches sehr gut und achtete sorgfältig darauf, daß er nicht zu Schaden käme. Daraufhin brachten sie ihn zur Verwahrung in die Villa des Aias. Kurze Zeit später kamen Aqaras und Aias mit Aras zurück, der inzwischen in Ketten gelegt worden war. Man stellte die beiden Täter unter Bewachung. Den Kynros hingegen brachte man hinaus in den Hof, wo er auf einem kunstvoll verzierten Tisch seinen Platz einnahm, um so durch die klare Luft gereinigt zu werden.

Qadros teilte Aristokles feierlich in einem Schreiben mit, der Kynros sei in ihren Händen, und sie würden sich mit der Armee in Akko wieder vereinen. Der Brief erreichte Aristokles in Mallus. Alexander war allerdings zu jener Zeit in Sochoi und konnte nicht rechtzeitig benachrichtigt werden. Kaum hat Aristokles den ersten Brief von Qadros erhalten, als ein zweiter von ihm eintraf, diesmal mit der Nachricht, Aras sei samt Kynros wieder flüchtig. Qadros flehte Aristokles an, nach Salamis zu kommen und Auprassos bei der Suche nach Aras zu helfen.

Es war das zweite Mal, daß Aras mit dem Kynros Qadros entkommen konnte. Die Flucht geschah während der Nacht: Memnon rief den Wächter und bat ihn, den vollen Nachttopf zu entfernen. Der Wächter öffnete die Tür und sah Aras schlafen. Er ahnte offenbar keine List und trat kurz herein. Plötzlich sprang Aras auf und überwältigte ihn. Sie nahmen ihm ein „gilon" ab und verschwanden. Bevor sie die Villa verließen, schlichen sie sich ins Zimmer, in dem der Kynros auf einem kleinen Tisch stand. Arastea, Aias' „mythopoiatissa", schlief auch im Raum. Sie wurde vom Lärm geweckt und wollte einen Schrei ausstoßen, als Aras sie plötzlich packte und die Hand auf ihren Mund preßte. Er hielt sie lang genug fest, bis Memnon den Kynros zu fassen bekam und schläferte sie dann ein. Die beiden verließen Salamis und schlugen sich nach Westen durch, wo sie entweder in Amathous oder in Kourion ein Schiff zu finden hofften, das sie eventuell nach Ägypten bringen würde.

Qadros war verzweifelt und fast wie von Sinnen, als er bei Tagesanbruch erfuhr, was in der Nacht geschehen war. Qoros lehnte es in seinem Bericht ab, Qadros Aras' Flucht zur Last zu legen. Die Maßnahmen, die er traf, um Aras festzuhalten, waren im Prinzip ausreichend, um einen möglichen Fluchtversuch zu unterbinden. Aber wie einst Arupas, so sollte auch Qadros erfahren, mit welchem unberechenbaren Feind er es zu tun hatte. Aras konnte ein überaus gefährlicher und verschlagener Gegner sein, der vor nichts zurückschrak, um sich durchzusetzen. Qadros wußte, daß Alexander Fehler nicht duldete, vor allem wenn es sich um solch wichtige Dinge handelte wie den Kynros, und deshalb unterließ er es, in seinem Brief an Alexander zu berichten, daß Aras samt dem Kynros auf so blamable Weise entkommen konnte. Stattdessen schrieb er, daß Aras sich in der Nähe von Amathous versteckt hielte, und es nur eine Frage der Zeit sei, bis er ihn finden würde. (In Wahrheit log er.) Diese letzte Information, betreffs des mutmaßlichen Versteckes von Aras in Amathous, verdankte er allerdings dem ägyptischen Diener des Aqai, der mit Aras und Memnon sprach, bevor diese aus der Stadt flüchteten.

Alexander zog mit seiner Armee im April in Akko ein. Hier möchte Qoros darauf hinweisen, daß der Einzug in Akko vor der Schlacht bei Issos geschah, welche sich dreieinhalb Monate später (28. Juli) ereignen würde. Qoros berichtet auch, daß Qypros nicht in der Stadt war, als Alexander eintraf. Wir erfahren, daß er zu jener Zeit an gewissen „aporretischen" Riten außerhalb der Stadt teilnahm. Vier Tage nach dem Einzug der Armee tauchte Qypros in Akko auf und meldete sich bei Alexander. Er unterrichtete Alexander über alles, was sich in Akko zugetragen hatte, besonders über die beabsichtigte Übergabe des Kynros; alles erzählte er – bis auf die „Reise des Aras nach Zypern". Er erwähnte, daß Aras, Qadros und Aqaras gemeinsam nach Zypern segelten, um ein seltsames „Stoparon der Artemis" zu erwerben. Die Wahrheit ist, daß Qypros es unterließ, Alexander zu berichten, daß der Kynros in der Tat aus dem Heiligtum von Aras gestohlen worden war, und daß Qadros und Aqaras ihn verfolgten, um des Kynros wieder habhaft zu werden. Die Wahrheit über die seltsame Odyssee des Kynros hat Alexander nie gewußt und sollte sie auch nie erfahren. Der Brief von Qadros über Aras' Flucht in Salamis wurde von Qypros in Akko abgefangen, bevor er an Alexander weitergegeben werden konnte. Auch seinen Bericht an Aristokles in Mallos bekam Alexander nie zu sehen. Aristokles hinterließ eine Botschaft mit der Meldung, daß der Kynros sich im Besitz des Ordens von Joulos befinde. Anschließend segelte er nach Zypern ab, um bei der Suche nach Aras mitzuhelfen. Qoros berichtete, daß sie vor Alexanders Zorn Angst hatten und es für besser hielten, Alexander die ganze Wahrheit zu verschweigen. Als nun Qypros mit seinem Bericht zu Ende war, erkundigte sich Alexander sofort nach der Möglichkeit einer Seereise nach Zypern. Er war entschlossen, sich höchstpersönlich um den Kynros zu kümmern. Binnen zwei Tagen hatte er eine Expedition nach Zypern und Delos vorbereitet und überließ Lysimachos das Kommando über das Heer in seiner Abwesenheit. Qypros konnte nur hoffen, daß alles letzten Endes gut verlaufen würde.

Zwei Tage später liefen 37 Schiffe in Richtung Salamis aus. Es sollte sich aber etwas Merkwürdiges auf der Seereise ereignen. Auf halber Strecke änderte die Flotille den Kurs und steuerte auf Kourion, im Westen der Insel gelegen, zu. Über den plötzlichen Kurswechsel gab Qoros nichts Näheres bekannt, außer dem Wort „ηλιος", und ließ es dabei bewenden. Ungefähr drei Kilometer vom Vorgebirge entfernt, scherten vier Schiffe aus der Flotille aus und ruderten in Richtung Küste. Sie fuhren am Vorgebirge (dem heutigen Akrotiri) vorbei und liefen in Kourion ein. Alexander ging mit 136 Mann an Land und wurde von Qadros, Aqaras und Stausas, dem „Pyragos" und König von Amathous und Kourion, empfangen. Der Rest der Flotille nahm weiteren Kurs auf Delos. Der offizielle Grund für die Seefahrt nach Delos, den man in Akko dem Heer mitteilte, bestand darin, Apollo zu huldigen und göttliche Ratschläge von ihm für ein gutes Gelingen des Feldzuges gegen Darius zu holen. Selbst die Nachrichten von dieser Seereise kamen Darius zu Ohr, aber er unternahm nichts. Offenbar dachte er eher daran, eine entscheidende Wendung durch eine Landschlacht herbeizuführen, als Alexander auf dem Meer nachzujagen. Der wahre Grund jedoch für diese merkwürdige und unter diesen Umständen gewagte Expedition nach Delos, von der nur ein kleiner Kreis (sechs Personen) wußten, galt dem „Bogen der Artemis" sowie der Gelegenheit, endlich einmal den Kynros zu erlangen. Qoros berichtete, daß Alexander Delos sehr hoch schätzte. Delos war die Insel eines Gottes, den er als Verbündeten betrachtete im Kampfe gegen eine andere mächtige Gottheit, die seinen Plänen hartnäckig Widerstand leistete und die er oftmals kryptisch als στονος του γιγαντος bezeichnete. Auf Delos waren zwei seiner Schreiber ausgebildet worden, Aqaras und Arupas. Später, nach der Schlacht bei Arbela, sollte Alexander die Insel persönlich besuchen aus Dankbarkeit für den Sieg, den die Götter ihm gewährt hatten sowie wegen des mysteriösen Bogens der Artemis. Im allgemeinen – laut Qoros – gab es in der westlichen Hälfte seines künftigen Reiches fünf Stätten, die Alexander besonders am Herzen lagen: Delos, wegen der oben erwähnten Gründe; Akko, wo er den Kynros erwerben sollte; Siwa, die Oase von Amun, wo er von dessen Gott zum Sieger über den στονος του γιγαντος erklärt wurde; Raqata, das künftige Alexandria, wo er einen Tempel erbauen wollte, zu Ehren einer Gottheit, die er selbst als „θεα" bezeichnete, welche später die Ptolemäer als Serapis identifizieren sollten; und Troja, die idealisierte Stadt einer verklärten Vergangenheit, von deren geheimnisvollen Gründung er wußte, deren Glanz nun die Hoffnung einer neuen, reineren Zukunft tragen sollte.

Alexander wurde Quartier bei Stausas in seiner Residenz zu Qourion angeboten. Qadros berichtete ihm über ein neues „gilon", das er in Salamis erworben hatte, und teilte ihm einige kurze, positive Nachrichten mit. Was den Verlust des Kynros betraf, beschränkte er sich allerdings nur auf dessen Raub durch Aras und Memnon sowie deren Flucht aus der Stadt. Er teilte ihm nur das absolut Notwendige mit. Kurz danach ordnete Stausas an, daß die Hafenanlagen in Alarmbereitschaft versetzt werden sollen, um Aras aufzuhalten, falls er von der Insel fliehen wollte.

Am dritten Tag wurden zwei Suchmannschaften organisiert. Die erste führte Alexander selbst an. Seiner Gruppe schlossen sich an: Nearchos, Aristokles, Raton, Kallisthenes, Onesikritos und Phakas, den man auch Euprastes nannte. Die zweite Gruppe führte Retris an. Mit ihm gingen Qadros, Agamos, Aristandros und Joulos (Jollas), der Sohn des Antipater. Stausas schloß sich der Gruppe von Retris an, da er sich in der Gegend, die der Retris-Gruppe zugeteilt wurde, bestens auskannte und daher dort eher behilflich sein konnte. Beide Gruppen brachen gemeinsam auf, trennten sich jedoch eineinhalb Kilometer von der Stadt entfernt. Alexander bog nach Westen ab; Retris ging weiter nach Norden in Richtung Troodos-Gebirge. In der Troodos-Gegend, nahe dem heutigen Kato Platres, stieß die Retris-Gruppe auf einen Hirten, der zu wissen schien, wo Aras sich aufhielt. Er zeigte in Richtung Osten und wies darauf hin, daß es eine kleine Hirtensiedlung gäbe, in der drei „παραθιχραστοι", „Fremde", untergekommen seien. Auf den Rat des Hirten hin brachen sie gen Osten auf und kamen zu einer Siedlung, 12km SW vom Berg Kionia. Dort gelang es der Gruppe, Aras und Memnon zu überraschen und gefangenzunehmen. Ein dritter wurde auch festgenommen, der Ägypter Aqai, der vor drei Wochen zu ihnen gestoßen war. Die ganze Operation geschah allerdings nicht ohne Verluste. In dem melée rang ein Makedone namens Paradraras, Aqai den Kynros ab, wurde aber von Aras durch Aqrotypa getötet. Qadros stürzte sich auf Aras und schlug ihn zu Boden. Es war aber Stausas, der den Kynros vom Boden aufhob und dadurch zum neuen Besitzer wurde. Nachdem alle drei festgenommen und der Kynros gerettet war, schickte Retris einen Boten zu Alexander, um ihm zu erklären, wie man zur Siedlung gelangt. Aras wurde abgeführt, in einen Stall gesperrt und zwei Posten aufgestellt, um ihn zu bewachen. Memnon, der durch einen Aqrotypa-Schlag von Retris leicht verletzt worden war, mußte ärztlich versorgt werden. Aqai, der mit Verletzungen dieser Art vertraut war, zog es vor, bei Memnon zu bleiben und bei der Behandlung mitzuhelfen. Aras sollte allerdings nicht lange in Gewahrsam bleiben. Indem er sich über eine Verletzung beklagte, konnte er seine Wächter in den Stall locken, sie durch Aqrotypa überrumpeln und wieder einmal entfliehen. Der einzige in der Gruppe, der von Aras' Flucht nicht überrascht war, war Qadros. Er kannte Aras bis jetzt nur allzu gut, um ihm jede erdenkliche List zuzutrauen. Er nannte ihn einfach einen „seltenen Tintenfisch" und war froh darüber, daß er diesmals ohne Kynros entkommen war.

Alexander traf mit seiner Suchmannschaft fünfeinhalb Stunden später im Dorf ein und wurde von Retris empfangen. Qadros eilte herbei und führte Alexander in die Hirtenhütte, in welcher der Kynros momentan aufbewahrt wurde. Retris und Stausas gingen auch mit. Auf dem Weg dorthin tauschten sie diverse Informationen und Meldungen über die Ereignisse der letzten Monate seit Tyana aus. Sobald sie in der Hütte waren, nahm Alexander den Kynros an sich, bestaunte ihn andächtig, strich mit seinen Fingern behutsam über das kostbare Gefäß und bewunderte seine äußerst feine Form. Der Becher maß 35 cm und hatte in etwa die Form eines Kraters. An den Seiten waren drei Darstellungen von Herakles zu bewundern; eine zeigte ihn, wie er im Begriff war, Geryones mit einer Keule zu schlagen. Noch immer den Kynros betrachtend, sagte Alexander zu Qadros: Στασα Τροιαν ετρηουνσασε τουτωι αλλα τονος του Αραντος τεμνε – „Mit diesem hat Stasa Troja illuminiert, aber die Seele des Aras verstümmelte ihn". Alexander wollte dann den Kynros nehmen. Qadros hielt ihn davon ab mit der Bemerkung, daß Stausas der eigentliche Besitzer sei, da er ihn als erster gehalten habe, als Aras ihn während des Kampfes verlor. Alexander sagte zu Stausas, daß er Darius damit übel zurichten könnte und überreichte ihm feierlich den Kynros.

Qoros berichtet, daß Stasa der thrakische Name für Dardanos war, den Sohn des Zeus, der von Alexander als der eigentliche

Gründer von Troja betrachtet wurde. Dardanos – so Qoros – kannte den Kynros nicht als Gefäß, wohl aber als „Stab", „qura", den die Ägypter als „tabauw" (ṯbw)  bezeichneten, und die Griechen als ναρθηξ „Narthex". Alexander hatte offensichtlich ein etwas idealisiertes Bild von Dardanos als Wohltäter. In Wirklichkeit, wie Qoros darauf hinweist, benutzte er diese Stäbe, um ganze Gebiete zu unterwerfen. Er soll über ein Territorium geherrscht haben, das sich nach Osten bis zum Sangarios-Fluß erstreckte und nach Norden bis zur heutigen bulgarischen Grenze.

Alexander erhöhte nun die Zahl der Bewachungsposten für den Kynros und veranlaßte, daß eine Schwadron ausgesandt wurde, um Aras zu suchen. Er war auch daran interessiert, etwas über die beiden Männer zu erfahren, die mit Aras zusammen waren. Da Memnon derzeit wegen seiner Verletzung nicht ansprechbar war, ließ er den Ägypter Aqai vorführen, um herauszufinden, wohin Aras wohl fliehen wollte.

Qadros kannte Aqai schon früher von Salamis und wußte, daß der Ägypter für Alexander von Interesse sein könnte. Er sagte Alexander, daß Aqai ein Priester des Thot aus Memphis sei, und bezeichnete ihn als „tauronomos Arotua" (Feuerheiler des Herakles) – wir hören auch den Namen ΑΥΡΤΗΣ ΑΡΩΤΥΑ – „Schwertführer des Herakles". Qadros berichtete weiter, daß Aqai auf Zypern gewesen sei, um das „Schwert der Styx" zu besorgen. Aqai war in der Tat ein weitgereister Mann. Die Ägypter schickten ihn in verschiedene Länder, um „taᶜomauw" zu erstehen. Taᶜomauw () waren Szepter, ähnlich wie „we'asauw" (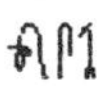) oder Uas-Szepter, die häufig in mythologischen Texten oder als Ornamente an den Wänden altägyptischer Tempel vorkommen, deren tatsächlicher Gebrauch jedoch unbekannt ist. Zur Zeit von Aqai waren Taᶜomauw nicht nur Szepter, sondern verschiedene Instrumente, denen man okkulte Kräfte nachsagte, wie z. B. Schwerter, Speere, Stäbe und ein Streitwagen aus Gold. Alexander, der später in Ägypten diesen Wagen sah, nannte ihn Χρυσουν αρμα, den goldenen Streitwagen. Bei den Ägyptern hatte er viele Namen; einer von ihnen war „wapauwtay“, der Bote, so benannt nach Thot, dem ägyptischen Hermes.

Aristokles, der nun für Aqai dolmetschte, erklärte Alexander, was das Schwert der Styx eigentlich war und was es für seinen Besitzer bedeutete. Er erzählte, daß Arotos (Herakles – Ineras) so ein Schwert von Apasauw, einem Priester des Thot in Dima in Fajum, erhalten und nach Troja gebracht habe, wo es ihn einige Male vor seinen Gegnern retten konnte. Qadros ergänzte, daß dieser Apasauw als Seele des Thot betrachtet und von einem karischen Thot-Priester namens Waqaras ermordet wurde, der selbst später von Arotos durch eben dasselbe Schwert getötet wurde. Alexander schaute zu Qadros hinüber und sagte, daß der „Raqousas“ dem listigen Aras sehr zugesetzt habe, wie Arotos seinerzeit Waqaras (a raqousas asva rupana Aranta dra qartos Arotos Vaqrana). Aqai, der mittlerweile auf einem Hocker saß, erhob sich und meinte, daß Aras vorhätte, sich nach Ägypten abzusetzen und von dort aus Alexander durch den „ta^{c}om“ (kynros) zu besiegen. Er, Aqai, aber habe ihn daran gehindert, indem er den Kynros magisch „entschärfte“. Nun, so altruistisch war Aqai bestimmt nicht, denn er hatte genügend eigene Gründe, den Kynros für sich zu ergattern. Zum einen gehörte er, wie es sich später herausstellte, einem Geheimbund an, der es sich zum Ziel gesetzt hatte, Ägypten von persischer Herrschaft zu befreien. Innerhalb dieser Organisation hatte er Gegner, die er am liebsten hätte verschwinden sehen wollen. Zu diesem Zweck könnte das Gefäß nur von Vorteil sein. Zum anderen hegte er den pesönlichen Wunsch, seine eigene Machtposition auszubauen. Er liebäugelte offensichtlich mit der Idee, sobald das persische Joch abgeschüttelt wäre, den Thron eines befreiten, wiedervereinten Ägyptens als einheimischer Herrscher zu besteigen. In dem Kynros hätte er einen mächtigen Verbündeten, der ihm ebenfalls dienlich sein könnte, so wie eben anderen mächtigen Pharaonen aus der glorreichen Vergangenheit Ägyptens. Doch in diesem Moment stand er Alexander gegenüber und mußte einen anderen Ton anschlagen. Persönliche Träume überließ er der Gunst einer gelegeneren Stunde. Er verkündete begeistert, daß Apollo (Horus) Alexander den Sieg über die Perser verleihen würde, und als Geste der Verbundenheit mit dem neuen Horus beschloß er, Alexander die „safat Tahutey", das Schwert des Thot, zu überreichen. Qadros, der der Hüter solcher Gegenstände war, nahm später das Schwert entgegen und legte es in eine separate Kiste aus Eichenholz. Alexander fand Gefallen an Aqai und nahm ihn in seine Dienste auf. Er machte ihn zum „sauqas", γυμναστης, „Trainer", mit der Aufgabe, Araupas, einen Schreiber des Lysimachos, im Umgang mit diesem Schwert zu unterrichten.

Mit der „safat Tahutey" treffen wir auf ein Konzept, das in altägyptischen Texten öfters vorkommt; und zwar handelt es sich um die Assoziation des ägyptischen Gottes Thot mit dem Schwert oder Messer.[2] In der Tat läßt sich der Vergleich des Thot mit etwas Spitzem recht häufig belegen. In den Pyramidentexten hören wir z. B. von den „Messern an den Schultern des Thot, des Schneidigen, der aus Seth hervorging" (PT 1999c)

Ein anderer Passus im Totenbuch Kap. 83 spricht von dem Vergleich des Toten als „des schneidigen Messers in der Hand des Thot". In der Symbolsprache der alten Ägypter deutet die Vorstellung des Thot als 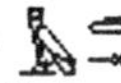 auf die Mondsichel als „schneidige Waffe" gegen die Feinde des Schöpfers sowie auf das Horusauge als schützende Flamme hin. Die letzte Bezeichnung trifft besonders auf das Königsdiadem als die sich aufbäumende (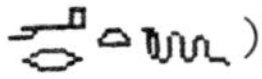), heilende, feuerspeiende Uräusschlange zu. Hinzu kommt eine Vorstellung, die man im Tempel von Ombos findet, welche das Horusauge als das „große 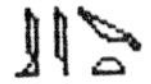 (aya)-Messer bezeichnet, das ferne Auge, das zu seiner Zeit kommt"; es wird gepriesen als „der scharfe Dolch gegen die Feinde des Re".

Bis jetzt war man es gewohnt, solche Dinge wie ta^{c}om, we'as oder sogar die safat Tahutey als mythologische Vorstellungen anzusehen, selbst wenn sie eindeutige Geräte darstellen, wie z. B. we'as- oder ta^{c}om-Szepter. Qoros hingegen mißt ihnen in seinem

2 H. Kees, Zu den ägyptischen Mondsagen, Zeitschrift für Ägyptische Sprache und Altertumskunde (ZÄS), Bd. LX, Leipzig 1925, S. 2.

Bericht eine wesentlich realere Bedeutung bei, als man sie sich vorher vorzustellen geneigt war. Das gilt auch für solche Gegenstände wie Kynros, Narthex oder Thyrsos. Es besteht die Wahrscheinlichkeit, daß diese Gegenstände nicht nur eine mythologische Bedeutung hatten, sondern eine reale, numinöse Kraft besaßen, die man sich wirkungsvoll zunutzezumachen verstand.

Stausas wußte zwar, was er in dem Kynros hatte, hegte aber keine Ambitionen, ihn in seine künftigen Pläne einzubeziehen. Alexander hingegen brannte darauf, ihn ordentlich zu erlangen. Er fragte Auprassos, wie es üblich sei, diesen zu erwerben. Auprassos machte ihm den Vorschlag, Spiele mit einem Ringkampf zwischen Stausas und Aqaras um den Besitz des Kynros als Höhepunkt zu veranstalten. Der Vorschlag wurde Stausas unterbreitet, der ihm zustimmte, und die Spiele wurden für den folgenden Tag anberaumt. Nach den Opfern für Dionysos und Artemis bei Tagesanbruch, denen zu Ehren die Wettkämpfe abgehalten werden sollten, und nach der gemeinsamen Morgenmahlzeit, wurden die Spiele eröffnet. Es gab zwei Hauptdisziplinen in zwei Variationen: Laufen mit oder ohne Brustpanzer (δωραξ) sowie Ringen mit oder ohne Brustpanzer. Während der Wettkämpfe war Stausas wegen Aristokles etwas verärgert: Im Thorax-Lauf schloß er mit Auprassos eine Wette auf Joulos ab, der gegen Aristokles verlor. Im Thorax-Ringen traten zwei seiner Männer gegen Aristokles an und verloren, was zur Folge hatte, daß er einige große Geldverluste einstecken mußte. Stausas glaubte nun, daß, wenn er schon sein Geld nicht retten konnte, dann wenigsten seine Ehre, und entschied sich, gegen Aristokles selbst anzutreten. Er kündigte an, er wünsche, nicht mit Aqaras um den Kynros zu ringen, sondern mit Aristokles. Sowohl Alexander als auch Aristokles stimmten seinem Begehren zu. Vor dem endgültigen Ringkampf aber trat Auprassos im Thorax-Laufen gegen Aqaras an und verlor. Aristokles und Stausas taten desgleichen, und Aristokles konnte den Sieg davontragen, was Stausas noch weiter verstimmte. Während sich die beiden Männer ausruhten, rüstete man freudig für den Höhepunkt der Wettspiele. Nach einer kurzen Pause gab Alexander, der im Stehen mit

Auprassos über dessen Niederlage scherzte, einigen Flötistinnen und Tympanistinnen aus dem Dorf das Signal zum Beginn des Hauptwettbewerbes.

Aristokles weihte sich der Artemis, Stausas dem Gott Pan; und so betraten sie gemeinsam den Kampfplatz. Dann geschah etwas, womit Stausas kaum rechnete, geschweige denn, daß er das Phänomen überhaupt gekannt hätte. Aristokles machte kurzen Prozeß, indem er seinem Gegner einen Aqrotypa-Schlag versetzte. In den vorherigen Ringkämpfen hatte er sich damit zurückgehalten. Aber in diesem, bei dem so viel auf dem Spiel stand, entschloß er sich, ihn kurzerhand anzuwenden, um so die Entscheidung des Ringkampfes zu Alexanders Gunsten herbeizuführen. Der Effekt schlug bei Stausas wie ein Blitz ein. Der Stygier blickte ihn fest an und Stausas erstarrte mitten im Schritt. Er stand da wie angewurzelt, als lastete ein energetischer Druck auf ihm, von dem er sich nicht befreien konnte. Später behauptete er, in diesem Zustand die Gestalt der Göttin Artemis gesehen zu haben. Alexander, der sich darüber im klaren war, was gerade vor sich ging, sprang plötzlich zwischen die beiden und beendete den Kampf. Er war Stausas für die Hilfe dankbar, die dieser leistete, und wollte ihm weitere Demütigungen ersparen. Außerdem war er sich bewußt, daß Stausas über eine ansehnliche Flotte verfügte, die ihm in den Auseinandersetzungen mit Persien von Nutzen sein konnte. Aristokles wurde zum Sieger erklärt, und Stausas wurden von Alexander großzügig die Geldverluste erlassen, die er durch die Wetten hätte einstecken müssen. Noch dazu schenkte er ihm sogar ein Goldscheibchen und einen Silberbecher.

Am Nachmittag brachen beide Gruppen nach Qourion auf. Unterwegs konnten Memnon und einer von Stausas Männern, den er bestochen hatte, Auprassos überwältigen und entkommen.

Alexander blieb zwei Tage in Qourion. Während dieser Zeit traf er sich mit Pnytagoras von Salamis, der nach Qourion gekommen war, um ihn kennenzulernen. Beide Könige (Pnytagoras und Stausas) versprachen ihm, Schiffe für seinen Krieg gegen das persische Reich zur Verfügung zu stellen. Alexander konnte sich weitere Hilfe ihrerseits sichern, und zwar hinsichtlich seiner Pläne, die er sowohl für Ägypten hatte – als auch für Raqia (Jemen). Ihre Flottenverbände sollten ihm bei der Eroberung von Ägypten sowie bei der eventuellen Erforschung von Raqia Unterstützung gewährleisten. Qoros berichtet, daß Schiffsunternehmungen vom Mittelmeer aus in Richtung Äthiopien oder Jemen teilweise über Landwege erfolgten. Ein Schiff konnte z. B. auf zwei miteinander verbundene Holzwagen in Fähranlagen verladen werden – eine war 25 km von Gaza entfernt, die andere lag 31 km östlich von Pelusion – und von Wasserbüffeln über die Wüste nach dem heutigen Sues gezogen werden. Von dort konnte man durchs Rote Meer die Schiffsfahrt fortsetzen.

Nachdem Alexander von Zypern zurückgekehrt war, konnten verschiedene Obliegenheiten, die während seiner Abwesenheit geruht hatten, mit neuem Elan angepackt werden. Die Aktivitäten, welche Alexander in den letzten Wochen entfaltete, formten sich nun zu einer greifbaren, unübersehbaren Realität heran. Der Kynros, den er seit dem Beginn des Feldzuges begehrt hatte, gehörte endlich zum „Orden des Joulos". Arupas, der nach Kreta geschickt worden war, um ein Stoparon zu erwerben, traf in Akko ein, während Alexander noch auf Zypern war. Die Delos-Schiffe unter Arotos liefen in der ersten Woche nach Alexanders Rückkehr in Akko ein, an Bord den geheimnisvollen Bogen der Artemis. In derselben Woche erhielt Alexander Nachricht über persische Truppenbewegungen in der Nähe von Nibisis. Er entsandte sofort Qrateros, Parmenion und General Araus mit zweieinhalb στολοι (ταξεις) in Richtung Marathus, um die persischen Truppenbewegungen zu beobachten und eventuellen Einfällen vorzubeugen. Die Präliminarien zur Schlacht von Issos wurden nun eröffnet. In dieser Woche sollte, wie Qoros berichtet, Alexander durch die Götter reichlich Gnade zuteil werden. Vier Tage nach seiner Rückkehr von Zypern wurde im Tempel von Adad eine stille Feier begangen, der sechs Personen beiwohnen durften. Anwesend waren außer Alexander Phakas, Aqaras, Deinokrates, General

Araus und ein akkorischer Priester namens Apoqos, unter dessen Aufsicht die Feierlichkeiten stattfanden. Anlaß der Zeremonie war die feierliche Anerkennung Alexanders als Herakles. Die Anwesenden standen um einen runden Alabasteraltar, worauf eine Fahne lag, umgeben von drei Narthekes. Ein Schaf wurde zunächst Adad geopfert. Anschließend nahm Apoqos die Fahne vom Altar und überreichte sie Alexander. Die Fahne hieß im Aramäischen קרנא , was „Strahl" bedeutete. Qoros erzählt, daß diese das Bild eines seltsamen Sternes trug, den einst der akkorische Tauronomos Anas zusammen mit dem Kelch (Kynros) aus Ägypten nach Akko gebracht hatte. Dieses sternartige Muster soll das Abbild eines fernen Sternes gewesen sein und war ausgeführt in Proportionen, in denen die Zahl fünf wiederholt erschien. Die Makedonen bezeichneten den Stern als „teamas Arotua". Im Griechischen hieß er αστρον του Ηρακλους. Beide bedeuten „Stern des Herakles". Alexander nahm die Fahne entgegen und überreichte sie Araus zur Verwahrung. Araus hatte sie bei sich, als er am nächsten Tag mit seinem Heer in Richtung Marathus aufbrach.

Gegen Mittag desselben Tages befand sich Alexander im Zelt des Aqaras. Er trank „souqa", ein Getränk aus Datteln und Feigen, während Aqaras ihm erzählte, wie Saquras Darius besiegt hatte, indem er ihm den Kynros verweigerte. Vor drei Jahren versuchte Darius sich des Kynros zu bemächtigen. Damals weigerte sich Aqouras, ihm die „Aqonda" zu übergeben, mit der Begründung, daß sie der Übermacht des Geldes widerstrebe und ihm deswegen nicht dienen würde. Aqaras war gerade dabei, Alexander ein Goldscheibchen zu zeigen, worauf Bogen und Pfeil der Artemis abgebildet waren, als Aristokles und Auprassos das Zelt mit dem Kynros betraten. Aristokles, der Besitzer des Kynros, überreichte Alexander das Gefäß als Geschenk zu Ehren seiner Erhebung zum Herakles. Wie einst Herakles der Besitzer des Kynros gewesen war, so sollte er nun dem neuen Herakles gehören. Alexander, hocherfreut über die Gunsterweisung, nahm den Kynros entgegen und bestätigte Auprassos als Hüter des Gefäßes und Aristokles als dessen Tauronomos und Diener. Das kleine, feierliche Treffen wurde mit einer Anrufung an die Göttin Artemis beendet, und dann ging Alexander mit Aristokles weg, um die Herakles-Fahne auf die morgige Reise mit Araus vorzubereiten.

Am Abend dieses schicksalhaften Tages fand eine merkwürdige Feier im Zelt des Arupas statt. Das Zelt befand sich nahe der Mauer von Akko, nicht weit vom Strand. Hie und da rankte sich wilder Efeu an der äußeren Stadtmauer hinauf. Um das L-förmige Zelt herum wuchs wohlriechender Thymian, dessen herber Duft in der Luft lag; und beidseits sah man die Umrisse lieblicher Zypressenhaine im Schein der Fackellichter. Vom Zelt aus konnte man die sanfte Brandung des Meeres am nahegelegenen Kieselstrand plätschern hören; und hinaufblickend zum Himmel sah man das Licht eines zunehmenden Mondes aus den Wolken hervorbrechen, um dann im nächsten Augenblick wieder darin einzutauchen. Im Inneren des Zeltes waren 16 Gäste um eine lange Tafel versammelt. Die meisten waren Schreiber, die zum Kreis der engsten Vertrauten Alexanders gehörten. Sie waren alle „philodnaparas" oder Unverheiratete. Vom Militär, welches an dieser θεου φιλια (Gottesfreundschaft) teilnehmen durfte, waren es nur Ptolemaios, Nearchos, Enopros und Araus. Sie gehörten ebenfalls diesem Kreis von Eingeweihten an, der sich „Orden des Joulos" (ευβουλεια) nannte. Alle wurden Zeugen von einem gewaltigen τερας (Wunder, Zeichen), das sich vor ihren Augen vollziehen solite. Alle schwiegen über dieses seltsame Erlebnis, das zu den bestgehüteten Geheimnissen der Geschichte zählte.

Am oberen Teil der Tafel stand Aristokles, der als Zeremonienmeister und Vermittler göttlicher Energien fungierte. Zu seiner Rechten stand Alexander, zu seiner Linken Auprassos. Alle stimmten freudig eine Anrufung der Artemis an, in Erwartung ihres Segens. Dann nahm Qadros eine geleeartige Substanz und gab sie in den Kynros, der vor Aristokles und Alexander stand. Plötzlich erfüllte sich das Innere des Zeltes mit einem seltsamen, aquamarin-blauen Licht, das alle Gäste einerseits erstarren, andererseits sie heiter und unbeschwert fühlen ließ. In dieser gewaltigen Strömung geschah zunächst etwas, das alle logischen Kategorien sprengte. Vor ihren Augen materialisierten sich Gegenstände, die zuerst verschwommen und trüb erschienen, später aber an Klarheit gewannen. Sie kamen kaum aus dem Staunen heraus, als sie ein paar Sekunden nach dem Abflauen des Lichtes einige seltsam anmutende Objekte auf der Tafel bemerkten. Man sah vier Krüge aus „Glas" voll reinsten Wassers, vier weitere Krüge ebenfalls aus Glas, voll von Siraion. Auf dem Tisch lagen zwei Rhabdoi (gila) aus Gold und einem sonderbaren Metall – eines war mit dem Emblem des Kronos versehen, das andere mit dem der Artemis – sowie ein goldenes Muster des Herakles-Sternes. Ebenfalls zu bestaunen war eine goldene Phiale des Kronos, sowie die Statuette eines Bären aus einer Goldlegierung, die man anscheinend sowohl dem Kronos als auch der Artemis zuordnen konnte. Am anderen Ende des Tisches lag zuletzt eine aromatische Speise in der Form eines seltsamen Sternes, die man bereitwillig „ambrosia" nannte.

Nach einigen Sekunden schweigsamen Staunens stimmte Auprassos die folgende Hymne an:

Aigias raunisa Stearana
Stearas araunith(d)oas' Arai
Aropa raunisa Stearan

„Die Jungfrau besiegte Ikaros,
Ikaros wurde von der ‚Göttin' besiegt;
Europa hat Ikaros besiegt."

Artemis asva Aranta Stearana,
Dra Straras araunidoasa Soqurarai

„Artemis schlug Aras-Ikaros,
so wie Straras von Kronos besiegt wurde."

Dann nahm er den Kynros und stellte ihn in die Mitte der Tafel. Er ersuchte jeden, der krank war oder an Gebrechen litt, den Kynros zu berühren, um dann Heilung zu erlangen. Als erster meldete sich Araus, der seit Wochen mit Typhus-Anfällen zu kämpfen hatte und die Krankheit nicht endgültig abschütteln konnte. Er trat an den

Kynros heran und berührte ihn mit seinem rechten Zeigefinger. Araus wurde plötzlich rot wie ein Krebs und sah aus, als hätte ihn ein heftiger Schmerz durchzuckt. Er berichtete, daß eine intensive Hitze seinen Körper durchflute und ihm Kraft gäbe. Als die Hitze vorbei war, fühlte er sich wieder stark und gesund. Als nächster trat Stratorestqos an das Gefäß heran und berührte es mit seinem gebrochenen linken Mittelfinger. Als er den verletzten Finger vom Kynros wegnahm, wurde dieser geheilt. Sichtlich ergriffen von all dem, was geschah, verharrte ein jeder anschließend in stillem Gebet und dankte Artemis für die wunderbaren επιστιλβοσια, welche sie ihnen bescherte, und besonders für die einmalige Gelegenheit, so einer außerordentlichen Feier beiwohnen zu dürfen. Danach nahm Auprassos den Kynros und brachte ihn in sein Zelt zurück. Er stellte ihn wieder an seinen Platz, bedeckte ihn mit einem blauen Seidenschleier, und verblieb dort für den Rest des Abends wachend.

Im Verlauf des Abends stießen Deinokrates, Jollas und ein Makedone namens Aoras zur Gesellschaft. Auf diese folgte dann Tikos mit zwei anderen Akkorisiern. Alexander ließ einen Eber, den er am selben Tag erlegt hatte, servieren. Zwei Körbe Brot sowie zwei Krüge „qastrion" wurden ebenfalls für die Gäste bereitgestellt. (Qastrion war ein Branntwein, aus Obst und Kräutern hergestellt). Alexander selbst nahm an dem Abend weder Fleisch noch Qastrion zu sich, sondern begnügte sich mit der „ambrosia", die ihm auf allgemeinen Wunsch überlassen wurde. Er ließ, wie es seinen Gepflogenheiten entsprach, auch den anderen Gästen einige Kostproben dieser seltsamen Speise zukommen. Alexander unterhielt sich den größten Teil des Abends mit Araus, Arupas, Aristokles und Qadros. Sie sprachen aufgeheitert über einen Trojaner namens Souras, den Tauronomos des Königs Dardanos, und wie dieser oftmals gegen seinen König opponierte. Souras soll der erste Herakles gewesen sein. Alexander war der dritte. Als Teil der Festlichkeiten wurden auch dramatische Vorstellungen geboten. Als erster trug Stratorestqos Auszüge aus Aischylos' **Befreiter Prometheus** vor. Besonders gefeiert wurde die Stelle, an der Herakles den Adler erlegte, der

Prometheus gepeinigt hatte. Als nächster trug Jollas die **Bakchen** von Euripides vor – das ganze Stück! Von all den Dramen des Euripides schätzte Alexander dieses am meisten. Als Belohnung für diese Leistung gab er Jollas ein feinbearbeitetes Horn aus Gold. Dies galt als Symbol oder Merkzeichen des Joulos, nach dem Jollas selbst benannt wurde. (Übrigens war Aischylos sein Lieblingsdramatiker. Alexander liebte Homers **Odysseia.** Im Gegensatz zu den Historikern hielt Alexander nicht viel von Homers **Illias.** Man war der Meinung, Homer sei nicht der Autor der **Ilias,** sondern vier andere.)

Zum Schluß improvisierte Tikos ein Gedicht, das den Triumph Alexanders über Aras feierte. Die anderen Gäste hörten höflich und amüsiert zu, während Tikos es zum besten gab. Qoros gibt nun ein paar Zeilen aus diesem improvisierten Κωμος wieder, um unsere Aufmerksamkeit auf einige seltsame Anspielungen zu lenken. Sie heißen:

Απολλων ενικησε Αραντα
Κρονος ενικησε Αραντα
Αινιας απωλεσ΄ απουντιον Ικαρον
εκκλησια εχρασαρα τον Ελληνα ρωκα
Ικαρον Αρτεμις εκνονησε
ξιφος του Ηρακλους Αυραν εξωρμησε
Ζραυσας Αυραν απωλεσε

Apollo besiegte Aras;
Kronos besiegte Aras.
Enias zerstörte den apountischen Ikaros;
die ‚Versammlung' vernichtete Ellin Aroneus.

Artemis fesselte Ikaros;
das Schwert des Herakles rüttelte Aura auf;
Sraoscha zerstörte Aura.

Sowohl in der Hymne des Auprassos als auch im Gedicht des Tikos fällt mehrmals der Name Ikaros auf. Die Ereignisse, worauf nun Bezug genommen wird, spielten sich gegen Ende des Zeitalters des Kronos ab. Europa gehörte damals zu einer weit ausgedehnten Konföderation, die sich von Indien bis nach Frankreich (Gallien) erstreckte. Die Herrschaft dieser Konföderation wurde sieben Priestern des Dionysos zugeteilt. Der Mann, den die Griechen später mit Ikaros identifizieren sollten, war der Tauronomos von einem dieser Priester-Herrscher. Ikaros wurde ebenfalls als Tonos oder Seele des Helios angesehen. Zu jener Zeit zog eine Kriegsmacht vom Atlantik gegen Europa heran. Sie wurde von einem gewissen Aroneus oder Ellin, wie man ihn auch nannte, angeführt, der vom „Festland" (ηπειρος) Aura kam, jenseits der Säulen des Herakles. Verbündet mit Aura war ein größerer Insel-Kompiex namens Araqa, der damals dort gelegen war, wo sich das heutige Madeira befindet. Westlich von Araqa lag ein noch größerer Insel-Kontinent, den Platon später als Atlantis bezeichnen sollte. Atlantis unterhielt damals freundschaftliche Beziehungen zu noch einem Reich, das nördlich von Aura lag. In Verbindung mit diesem Reich hören wir den Namen „Erytheia". Jahrtausende später sollte man Erytheia mit einer Gegend in Spanien identifizieren und Aura mit einem Gebiet in der Nähe von Nizza. Damals waren Aura und Araqa unter der Herrschaft einer Gottheit, die man historisch mit Ahriman verbinden kann, dem Prinzip der Finsternis und Verneinung. Die Kriegsmacht ging von diesen beiden Reichen aus, die zu jener Zeit danach trachteten, Europa ihrem Herrschaftsbereich einzuverleiben. Ikaros war ursprünglich mit der Abwehr dieser feindlichen Mächte beauftragt. Später machte er gemeinsame Sache mit Aroneus. Qoros berichtet, er habe größere Landstriche verbrannt, darunter Griechenland, und wurde von Dionysos durch Feuer getötet. Interessanterweise berichtet Platon in seinem **Timaios** von kriegerischen Auseinandersetzungen zwischen einer atlantischen Macht und einer euro-mediterranen Koalition, in welcher Athen eine bedeutende Rolle spielte bei der Abwehr dieser bedrohlichen atlantischen Streitkräfte. Qoros behauptet, daß die Ereignisse, wovon Platon spricht, erst nach der Zeit des Ikaros geschahen. Qoros fügt auch hinzu, daß Alexander die oben erwähnten Ausführungen nicht in dem Zusammenhang verstanden hätte, den er uns schildert. Für Alexander und seinen Kreis lag Aura in Gallien und Erytheia in Spanien (Iberien). Er war jedoch wohl vertraut mit einem vorgeschichtlichen, dionysischen Reich, welches er wiederherzustellen trachtete.

Fünf Tage nach der „Gottesfreundschaft" liefen zwei Schiffe aus Zypern in Akko ein. Pnytagoras von Salamis war gekommen, um mit Alexander unter anderem die Benutzung zypriotischer Schiffe zu besprechen, welche Alexander für den weiteren Verlauf seines Feldzuges benötigte. An Bord von Pnytagoras' Triäre war ausgerechnet Aras. Qoros berichtet, daß auf Zypern nach dem Sieg des Aristokles über Stausas im Ringkampf um den Kynros Stausas zum Stygier gegangen sei, um ihn zu fragen, was dieser getan habe, um ihn auf so erstaunliche Weise zu besiegen. Aristokles verriet nicht, was er gemacht hatte, sondern legte ein gutes Wort für Aras ein, indem er Stausas nahelegte, Aras laufen zu lassen, falls er seiner habhaft werde. Aras könnte den Gefallen erwidern, indem er einen von Stausas Schreibern in dieser Kunst unterrichte, da er ebenfalls mit der Technik bestens vertraut sei. Aras tauchte tatsächlich später in Amathous auf und war nur allzu gewillt, Stausas' Begehren im Tausch für seine Freiheit entgegenzukommen. Er brachte sechs von seinen Schreibern Aqrotypa bei und stattete sie sogar später mit Rhabdoi aus. Stausas war hocherfreut über Aras' Hilfe und empfahl ihn weiter an Pnytagoras. In Salamis konnte sich Aras wieder als überaus nützlich erweisen, indem er den Mörder von Pnytagoras' Tauronomos ebenfalls durch Aqrotypa tötete. Als Belohnung für seine Dienste gab Pnytagoras ihm Gold, und da er selbst im Begriff war, nach Akko aufzubrechen, bot er ihm eine Überfahrt auf seinem Schiff an. Aras nahm sein Angebot an, da er in Akko einiges erledigen wollte, bevor er sich endgültig nach Ägypten absetzte.

Sobald Aras in Akko an Land gegangen war, stattete er Taras, der inzwischen Tauronomos geworden war, einen Besuch ab.

Taras war über den Besuch von Aras nicht sonderlich erfreut und entschied sich, Aras bei Laune zu halten, bis sich eine Gelegenheit böte, Aras zu überrumpeln und an die neue Autorität in Akko auszuliefern. Er erzählte, daß Astoras nun gegen die Makedonen zu opponieren angefangen habe, und wie dieser vor ein paar Tagen die Oberhand gewonnen habe über Nearchos, einen von Alexanders Paladinen, der immer auf der Suche nach „Stopara" für Alexanders wachsendes Arsenal war. Astoras ertappte ihn in der Kanzlei, als dieser dabei war, eines zu stehlen, und verpaßte ihm einen Schlag, der ihn ins Wanken brachte. Die Sache wurde verschwiegen, da sich niemand irgendwelche Komplikationen wünschte. Bald ergriff Taras die Gelegenheit, Aras anzugreifen. Dieser reagierte allerdings entschiedener und versetzte Taras einen Energiehieb, der ihn zeitweilig lähmte. Aras nahm zwei Rhabdoi, die Taras ihm einst gestohlen hatte, und machte sich schnell zu Astoras davon, um mit ihm einige alte Rechnungen zu begleichen. Dort kam es zu einem Kampf, dem Aras diesmal unterlag. Er wurde kurzerhand festgenommen und sofort zu Alexander geführt.

Pnytagoras und Alexander verhandelten im Zelt des Auprassos über die Benutzung zypriotischer Schiffe, als Astoras mit einer kleinen Schar von Wächtern, die Aras führten, vor dem Zelt auftauchte und verkündete, daß man Aras gefangen habe. Die Gruppe wurde vorgelassen, und Alexander, angenehm überrascht über die Nachricht, sagte: Αρτεμις αμιν εβαηθησε φεγωνα Αραντα (Artemis amin ebaidise begona Aranta) – „Artemis half uns Aras zu finden". Pnytagoras, der sogleich die Gelegenheit ergriff, ein gutes Wort für Aras einzulegen, deutete auf ihn und sagte, dieser sei ein vortrefflicher χραθηλοφορος „Rhabdos-Träger", der den Mörder seines Tauronomos zur Strecke gebracht habe.

Plötzlich ergriff Aras das Wort, indem er Alexander bat, ihm noch einmal gegen Aupoas, der, als er damals in Akko makedonischer Gesandter war, ihn vor vier Jahren in dieser Kunst geschlagen hatte antreten zu lassen. Alexander, der über Aras' Dreistheit

verblüfft war, gewährte es ihm. Die anderen traten zur Seite und machten den Kämpfenden Platz. Aupoas stand Aras mit ausgestrecktem Arm seitlich gegenüber, das „gilon" in der Hand haltend. Aras hingegen blickte ihm kerzengerade fest in die Augen. Dann geschah etwas, das die Zuschauenden staunen ließ. Aupoas geriet ins Schwanken und wurde wie durch eine unsichtbare, magnetische Kraft zu Aras hinübergezogen. Aras nahm Aupoas das Gilon aus der Hand und richtete es plötzlich auf Astoras. Ein energetischer Schlag traf Astoras schwer und warf ihn gleich zu Boden, wo er gelähmt liegenblieb. Plötzlich erblickte Aras vor sich lauter blanke Schwerter. Er stand einen Augenblick da und schnalzte rügend mit der Zunge. Dann ging er mit sarkastischem Lächeln lässig zu Alexander und gab ihm das Gilon mit den Worten:
Αυποας φραστε ραβδον ταρομενον Αστορα – απ Αραντος
„Aupoas nahm ein Gilon, das Astoras gestohlen hat – von Aras". Alexander nahm das Gilon, gab es ihm aber wieder. Dann sah er zu Aupoas hinüber und befahl ihm, alle gestohlenen Gila an ihre ursprünglichen Besitzer zurückzuerstatten. Er fügte gleich hinzu, daß gestohlene „garqaras" (Rhabdoi) die falschen Besitzer schlagen. Aras warf dann einen Blick auf den Kynros, der unbedeckt auf einem Holztisch stand. Er musterte ihn und sagte zu Alexander, daß dieser nicht heil strahlen könne, da er ein ranziges Gelee enthält. Er bat Auprassos, ihnen ein frisches von Krotona zu besorgen, die für diese Dinge verantwortlich war. Einige Minuten später kam Auprassos mit Krotona zurück, die Aras einen Tonbehälter mit dieser seltenen Substanz gab. Die anderen Anwesenden wurden sodann gebeten, das Zelt zu verlassen. Astoras mußte ärztlich versorgt werden. Im Grunde genommen hat er die Demütigung, die Aras ihm zufügte, nie vergessen und trachtete danach, es ihm eines Tages heimzuzahlen. Krotona ging zum Tempel des Adad zurück, und Pnytagoras wurde von Auprassos mit anderen Geschäften abgelenkt. Vier Personen blieben im Zelt zurück, als Aras ein Gelee in den Kynros gab, und dieser in einem herrlichen, karmesinroten Licht erstrahlte.

Aras wurde zusammen mit Auprassos zum Hüter des Kynros ernannt. Seit dem Ereignis im Zelt des Auprassos wurde er sogar zu einer kleinen Berühmtheit in der Armee. Man feierte ihn als den neuen „gilosaras", der wahre Wunder bewirken kann. Es kursierte die seltsame Geschichte im Lager darüber, wie er den Gott Triptolemos mit einem sonderbaren Stern der Artemis besiegte. Wie dem auch sei, Aras erwies sich als äußerst nützlich und, was noch erstaunlicher war, Alexander treu ergeben. Er stieg in Alexanders Wertschätzung schnell auf und wurde zu einem seiner engsten Vertrauten. Zwischen den beiden entwickelte sich eine aufrichtige Freundschaft, die allerdings in Ägypten von einer Tragödie überschattet werden sollte.

Fünf Tage später brach Alexander mit seiner Armee nach Norden auf, um sich mit Parmenion und Qrateros bei Marathus wieder zu vereinen. Qoros berichtet, daß Darius ursprünglich gen Süd-Westen marschieren wollte, um in der Nähe von Damaskus Alexander zum Kampf zu stellen. Aber als er von seinen „Augen und Ohren" bei Nineveh erfuhr, daß Parmenion und Qrateros bei Marathus biwakiert hätten, beschloß er, weiter nach Westen zu marschieren, um Alexander eventuell bei Nikopolis zu treffen. Alexander hingegen wollte Darius eine Schlacht südöstlich von Sochoi liefern.

Aras wurde in seiner ersten Mission unter Alexander nach Ägypten geschickt, um mit Aqai über Männer und Material für die kommende Schlacht zu verhandeln. Bevor Aqai von Zypern absegelte, gab er Alexander zu verstehen, er verfüge über Soldaten und versprach, diese seinem Kommando zu unterstellen, sobald sie benötigt würden. Jetzt mußte Aqai zu seinem Versprechen stehen. Als sie in Memphis zusammentrafen, wunderte sich Aqai über Aras' überraschenden „Sinneswandel" und war höchst verblüfft und amüsiert über den neuen „Posten", den Aras jetzt unter Alexander bekleidete. Aras meinte, ein großer Sieg würde den Persern Einhalt gebieten, und dazu bräuchte Alexander mehr Soldaten. Aqai erwiderte, daß er Alexander sofort 300 erlesene Bogenschützen

überstellen würde, die ihm gute Dienste erweisen könnten. Er fügte allerdings hinzu, sie seien nicht in Ägypten, sondern in Joppa, und Aras solle zuerst dorthin fahren, um sich ihrer Unterstützung zu vergewissern. Diese Einheit bestand aus jüdischen Soldaten und nannte sich עוף (^{c}aup). Sie benutzte besondere Pfeile, die den seltsamen Namen שין עופה (šin ^{c}opa) bzw. „Vogelzahn" hatten und eine verheerende Wirkung auf gegnerische Truppen zeigten. Sie sprachen über einige andere Dinge, bevor Aras noch einmal das Thema von zusätzlichen Soldaten aufgriff. Aras meinte, ihren Informationen zufolge verfüge Aqai über 3000 Soldaten, und erinnerte ihn an ein Versprechen, das er Alexander damals auf Zypern gegeben hatte, nämlich, ihm militärische Unterstützung im notwendigen Fall zukommen zu lassen. Nun wollte er wissen, was Aqai diesbezüglich zu tun gedenke. Aqai erklärte, daß diese Truppen in einer Mission nach Arabien unterwegs seien und deshalb nicht zur Verfügung stünden. Aras sagte, er lüge, und es kam zu einem hitzigen Wortwechsel zwischen ihm, Aqai sowie dessen Adjutanten Taney. Während der Abendpause ging Aras auf den Markt, um einige Besorgungen zu machen. Er wollte „taparouw" (
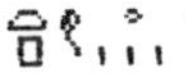
) von einem Straßenhändler kaufen, als er Taney traf. Er fragte Taney, ob er ihm helfen würde, diese Truppen zu erwerben. Man würde ihn dafür ordentlich entlohnen. Taney lehnte ab und nannte Aras ein „gelp", einen Hund. Wütend wie er war, versetzte er Taney einen Aqrotypa-Schlag, der ihm ziemlich zusetzte. Aqai eilte herbei und versuchte Aras zu beruhigen. Er bedauerte den Zwischenfall und sagte, Aras habe sich umsonst geärgert. Dann versprach er ihm nicht nur die Bogenschützen, sondern auch drei Ta^{c}omauw, welche Alexander von großer Hilfe sein würden. Das hat Aras ein wenig milder gestimmt, und die Sache war erledigt.

Am nächsten Tag brach Aras mit Taney und drei anderen nach Joppa auf, um die Bogenschützen einzustellen. Dort sollte Aras auch die „Stopara" erhalten, die Aqai ihm versprochen hatte. Das Kommando der Einheit wurde Taney übertragen, und innerhalb von fünf Tagen schifften sie sich nach Akko ein. Von dort segelten sie an der Küste entlang bis nach Arados, wo sie an Land gingen.

Die Bogenschützen schlossen sich der Armee in der Sauqa-Gegend nordöstlich von Emesa an.

Hier erhielt Alexander Nachricht über die Stärke von Darius' Armee. Ursprünglich schätzte er dessen Heer auf 45.000 Mann, erfuhr jedoch von seinen Agenten, daß Darius nur über 15.000 verfüge. Dennoch hatte Alexanders Armee nicht ihre volle Stärke. Viele seiner Soldaten waren in anderen Gegenden stationiert. Antigonos z. B., der sich in Großphrygien aufhielt, verfügte über 1400 Mann. Obwohl Alexander kürzlich einen Boten zu ihm geschickt hatte, zweifelte er, ob Antigonos rechtzeitig kommen würde, um gemeinsam gegen Darius vorgehen zu können. Wie Qoros beteuert, standen Alexander in Wahrheit nur 3.200 Soldaten zur Verfügung, weshalb er sich sehr stark auf die Verstärkungstruppen von Aqai verließ. Die 320 Bogenschützen, die Aqai ihm schickte, waren zwar eine Hilfe, aber er erwartete von ihm 3.000 Soldaten. Als diese nicht kamen, war er maßlos enttäuscht. Ein anderes Problem, das akut wurde, waren die Vorräte, die Alexander aus der Gegend von Tyana bezog. Dies waren hauptsächlich Lieferungen, bestehend aus Getreide, Obst und ηλιον (ilion), eine Art Brotbier, ähnlich wie ägyptische „hinaqa" (). Bis jetzt hatte Darius nichts unternommen, um diese zu unterbinden, aber Alexander wußte nicht, wie lange das noch dauern würde.

Astos, der Alexander zusammen mit Halynos, Aras und Araus in dieser Angelegenheit beriet, schlug einen Überfall auf das persische Heer während der Nacht vor. Aras, der ihm zustimmte, äußerte, daß sich für einen Überfall dieser Art die kanaanäischen Bogenschützen hervorragend eignen würden. Halynos hatte keine Einwände gegen einen solchen Angriff, während Araus dem Vorschlag skeptisch gegenüberstand. Alexander mißfiel die Idee überhaupt, weil sie schlicht und einfach nicht ehrenvoll war. Aras erklärte Alexander den Plan mit der Bitte, diesen in Erwägung zu ziehen. Alexander beriet sich mit Auprassos und bat ihn, die Götter zu fragen, wie ihr Urteil laute.

Auprassos erhielt folgende Antwort:

Stopara tōn Aigyptiakōn Kronon
raunisai raunitaras.
„Die Stopara der Ägypter werden diejenigen besiegen, die Kronos besiegten."

Daraufhin stimmte Alexander dem Plan zu, und der wurde in zwei Tagen ausgeführt.

An der Überfallsaktion mit den kanaanäischen Bogenschützen beteiligten sich Aras, Qadros, Stratorestqos, Astos, Alexander und Ranos, sein Leibwächter. Auf Pferden brachen sie gegen Mittag auf, als sie sich ihrem Ziel näherten, war es bereits dunkel. Die erste Wachstation, die ungefähr zwei Kilometer von der Südseite des persischen Lagers entfernt lag, konnte still und mühelos überwältigt werden. Den Rest der Entfernung legte man zu Fuß zurück. Sie kamen ungefähr 350 m ans Lager heran, gingen in Stellung und schossen die ersten Pfeile ab. Als die Geschoße auf die Zelte niederprasselten, lösten sie sofort Brände aus. Fünf Salven wurden abgegeben, bevor die Bogenschützen sich endgültig zurückzogen. Zurückgelassen wurde ein gespenstisches Inferno von brennenden Menschen und Vieh. Qoros berichtet, daß 450 Soldaten, primär aus den ariaspischen Einheiten, in dieser Nacht starben.

Während Alexander den Überfall auf das persische Lager durchführte, war die Armee zu einem Nachtmarsch angetreten. Das Heereslager befand sich damals 14 km westlich vom heutigen Aleppo. Während der Angriff passierte, hatte die Armee den Befehl, nach Westen zu ziehen, in der Nähe vom Bailanpaß halt zu machen und auf Alexander und die Bogenschützen zu warten.

Qoros berichtet, daß Alexander es aus geomantischen Gründen ablehnte, Darius bei Sochoi eine Schlacht zu liefern: An dem Ort, den Darius sich als Kampfplatz ausgesucht hatte, kreuzten sich zwei Diagonal-Gitter und ein globales. Die geomantische Beschaffenheit des Ortes, wovon Darius' Mantiker zweifelsohne Bescheid wußten, hätte den Großkönig und seine Gottheit begünstigt und Alexander sehr geschadet. Auprassos, sein Hauptgeomantiker, riet ihm dringend von diesem Ort ab. Zwei andere Orte wurden in Erwägung gezogen. Der erste, welcher in der Nähe von Aleppo lag, wäre zwar für Alexander von Vorteil gewesen, hätte allerdings nicht die Quotienten gehabt, die im allgemeinen erwünscht waren, und wurde deshalb abgelehnt. Der zweite mögliche Ort lag an einem Global-Gitter, östlich des Amanos-Gebirges. Dieser Ort bot Alexander günstigere Chancen und wurde daher in Aussicht genommen. Die dritte Möglichkeit entdeckte Auprassos, als die Armee sich beim Bailanpaß aufhielt. Diese Stelle lag in der Nähe von Issos. Dort kreuzten sich ein Diagonal- und ein Global-Gitter, welche ihm die besten Chancen boten. Alexander bevorzugte die Stelle beim Amanos-Gebirge aus taktischen Gründen, ließ sich aber von Auprassos überreden und entschied sich für Issos. Das Problem war, Darius selbst an diese vielversprechende Stelle zu locken. Diese heikle Aufgabe wurde Aras anvertraut.

Darius ließ nicht lange auf sich warten. Er zog mit seinem Heer gen Westen und bezog Stellung bei Nikopolis. Dort hoffte er, Alexander zum Kampf zu fordern. Der Kampfplatz, den Darius und seine Magier sich aussuchten, lag westlich von Nikopolis und war durch ein Global-Gitter und zwei diagonale gekennzeichnet. Darius' Magier waren irrtümlicherweise der Meinung, der Ort hätte den persischen Gott Ahura Mazda begünstigt; in Wahrheit jedoch, wie Qoros berichtet, hat er das Prinzip des Ahriman gestärkt, dem Alexander selbst feindselig gegenüberstand.

Hier ergriff Aras nun die Initiative. Er machte sich mit Astos und 13 anderen daran, das Trinkwasser in der Gegend von Issos bis Nikopolis ungenießbar zu machen. Im Grunde genommen wurden viele Brunnen und Flußteile in dieser Gegend einfach vergiftet. Der einzige Fluß, der verschont blieb, war der Pasauros (Pinaros), an jenem Kampfplatz gelegen, den sich Alexander bei Issos ausgesucht hatte. Qoros erklärt, daß die Wasserstellen nicht chemisch, sondern „hermetisch" vergiftet wurden; die Gesamtwirkung so einer Verseuchung hielt sechs Wochen an. Darius hatte keine Zeit abzuwarten, bis seine Quellen wieder giftfrei wurden. Es war

Sommer, sein Heer brauchte Wasser, und er wurde gezwungen, rasch zu handeln. Die Perser waren entsetzt und verabscheuten so eine naturwidrige Handlung zutiefst. In ihren Augen war derjenige, der sich so einer Tat schuldig machte, ein Rechtsbrecher. Die Wahrheit ist – Alexander wußte nicht „genau", was Aras anstellte, oder besser gesagt, er wollte es nicht wissen. Er war von Aras' Können dermaßen beeindruckt, daß er ihm Handlungsfreiheit ließ, bzw. eine Art Narrenfreiheit, zu tun und zu lassen, was er wollte. Wiederum konnte Aras mit einem Erfolg aufwarten.

Darius' Kundschafter brachten die Nachricht zurück, daß der Pasauros-Fluß zwar unversehrt sei, doch Alexanders Heer ungefähr 26 km davon entfernt lagere. Darius faßte den Entschluß, zum Pasauros zu ziehen und dort die lang ersehnte Schlacht mit ihm auszutragen. Die geomantischen Koordinaten waren den Magiern sicherlich nicht entgangen. Qoros behauptet allerdings, Darius' Magier sahen die Gefahr nicht und glaubten, daß „Haoma" sein Heer dort zum Sieg führen würde. Er fügt auch hinzu, daß sie durch den Spiegel des Dionysos verhängnisvoll getäuscht wurden.

Im Gegensatz zu anderen historischen Darstellungen behauptet Qoros, daß Darius seine Truppen an der Südseite des Flusses aufmarschieren ließ. Das makedonische Lager befand sich bei der Ankunft der Perser ungefähr 3½ km südlich vom heutigen Erzin. Kurze Zeit danach rückte Alexander mit seinem Heer zum Fluß vor und bezog Stellung auf der Nordseite. Dort traf er die letzten Vorbereitungen für die bevorstehende Schlacht. Während dieser Zeit wechselten Botschaften die Fronten. Da sie keine Zugeständnisse von einer Seite an die andere brachten, wurden sie abgebrochen.

Am Morgen der Schlacht gegen sieben Uhr bezog Alexanders Armee Stellung parallel gegenüber den persischen Streitkräften. Es war ein strahlender Tag, und eine angenehme Brise wehte vom Golf von Issos herüber, aber es lag eine seltsame Unruhe in der Luft. Die Armee sah sich einem an Zahl überlegenen Feind gegenüber, und in ihren Reihen war dieses Unbehagen deutlich zu spüren.

Alexander zog seine Rüstung an und begab sich ins Zelt des Qadros, wo eine kurze Andachtszeremonie der Artemis gefeiert wurde. Er bot einen prächtigen Anblick in der frühmorgendlichen Sonne mit seinem hell glänzenden, eisernen Helm, geziert von einem prachtvollen, weißen Roßhaarschweif. Dazu war er durch einen ehernen Panzer mit dem Ornament eines achtzackigen Sternes darauf geschützt, welcher durch breite, goldglänzende Schulterriemen befestigt wurde. Darunter trug er einen blauen Chiton. Nach der Andachtsfeier bestieg er Boukephelas und ritt zum linken Flügel zwischen Staras' Einheit und der des Qrateros. Neben ihm ritt Aristokles, der einen sonderbaren goldenen Helm trug, welcher ähnlich, wie ein breitkrempiger „petalos" aussah. Er hielt in der Hand das Banner mit dem Stern des Herakles. Bei Staras' Einheit angelangt, stieg Alexander, der schon in der Früh die Unruhe bemerkt hatte, von Boukephelas ab und ging zu Staras, der beim Bogen der Artemis stand, um letzte Informationen auszutauschen. Dann nahm er das Schwert der Styx, ging zu Aristokles zurück, der sein Pferd hielt, saß wieder auf, und beide ritten gemeinsam an die Spitze des Heeres vor.

Aus Qrateros' Einheit fingen einige Offiziere in der vordersten Reihe „aupa Taras, aupa Taras" (Abendstern, Abendstern) zu rufen an, als sie Alexander sahen, und deuteten auf das stark überlegene persische Heer vor ihnen. Alexander hielt das Schwert hoch, ließ es mehrmals über seinem Haupt kreisen, um dann mit der Spitze des Schwertes auf Qrateros', auf Staras' Einheit und schließlich auf die anderen am rechten Flügel zu deuten. Am Schluß gab er es Staras wieder, der gerannt kam, um es Alexander abzunehmen. Binnen Sekunden schlug die ganze Stimmung um. Aus Staras' Einheit rief man plötzlich „aura Taras, aura Taras!" (Gold der Aphrodite), bis der Ruf auf die anderen Einheiten übergriff und sie erfaßte. Eine Welle der Begeisterung schlug Alexander entgegen. Soldaten in der vordersten Linie gerieten völlig aus dem Häuschen, als sie ihn sahen; sie schrieen „aura Taras!" und deuteten auf Alexander und Aristokles, der den Stern des Herakles trug. Von Aristokles gefolgt, ritt Alexander langsam die Front entlang, hie und da anhaltend, um seinen Soldaten Mut zuzusprechen. Viele kannte er persönlich, rief sie einzeln mit Namen auf und erinnerte sie an vergangene Leistungen. Einige Truppenführer, die in der vordersten Linie standen, verließen ihre Reihe, um ihn kurz zu berühren. Sie riefen seinen Spitznamen „Tolma" (Mut) und wollten seine Hand fassen. Das Heer jubelte, als er seine Zuneigung erwiderte. Die Männer schrieen, tobten und nicht wenige weinten. Es schien, als hätte er ihre Ängste und Unsicherheit genommen und sie mit Mut und Zuversicht erfüllt. Mit ihm würden sie siegen. Alexander sprach in ihnen eine seltsame, verborgene mythologische Schicht an, die sich an jenem Tag eindeutig manifestierte. Es war, als hätte ein strahlender Himmelskörper sie alle erfaßt und durch einen Raum geschleudert, der für sie unheimlich und verzaubert war. Das seltsame daran ist: dieser Feuerkörper erlosch in Babylon nicht, sondern flog mit ihnen in seiner Bahn weiter – über zahllose Äonen hinweg. Und diejenigen, die mitgerissen wurden, folgen noch immer den fernen Feuern eines seltsamen Thiasos, dessen Ende sich noch nicht abzeichnet. Sie tun sich immer wieder zusammen, wappnen sich und brechen von neuem auf, die Verheißung einer einmaligen Vision tragend, dem Aufgang einer neuen Sonne entgegen.

Alexander gelangte zu seiner Kavallerie-Einheit und nahm Stellung zwischen Stratorestqos und Retris, der die Fahne des Kronos trug. Aristokles übergab Stratorestqos das Banner des Herakles und ritt zu Staras' Einheit zurück, um Auprassos zu helfen, den Bogen der Artemis zu betätigen. Qoros berichtet, daß fünf Stopara eingesetzt wurden. Sie wurden in kleinen Schutzhütten untergebracht, welche aus Nadelholz gebaut waren. Man stellte sie zwischen den Einheiten auf und gab ihnen je drei speziell ausgebildete Soldaten zum Schutz. Auffallend waren sie nicht und im allgemeinen nahm das Heer von ihnen wenig Notiz. Man dachte, es seien spezielle Wachhütten.

Alexander sah sich Darius' linkem Flügel direkt gegenüber. Dieser bestand aus drei Bogenschützeneinheiten, vor denen man sich in acht nehmen mußte. Hinter ihnen standen die Astaras, die zum großen Teil mit „gastrophetes" (Bauch-Bögen) bewaffnet waren, einer Art Katapult, von dem eine Metallkugel oder ein Pfeil abgeschossen wurde, die Panzer und Schild durchdringen konnten. Diese Kampfgruppen waren aus Männern mit Killerinstinkt und kriminellen Neigungen zusammengestellt. Neben den Bogenschützen standen vorne in der Mitte griechische Söldner. Rechts von ihnen waren persische Infanterie-Einheiten aufmarschiert. Die hintere Reihe, welche aus Astaras, Kavallerie und Infanterie bestand, bildete eine noch breitere Front, die Alexanders Linke deutlich zu überflügeln drohte. Darius und sein Stab, die schon in der Früh von Alexanders Spähern gesichtet worden waren, befanden sich dahinter zwischen den Bogenschützen und den griechischen Söldnern. Darius selbst sollte das Hauptziel des Angriffes sein.

Alexander blickte zu Aras, der rechts bei den skythischen Bogenschützen stationiert war, und deutete an, daß es so weit sei. Den Bogenschützen wurde Befehl gegeben, die Bögen mit besonders präparierten Pfeilen zu spannen, welche die Aufgabe hatten, die persischen Bogenschützen während der Attacke außer Gefecht zu setzen. Auf ein Zeichen von Alexander hin blies der Trompeter zum Angriff. Mit dem Kampfgeschrei „Elelu, Elelu" trat die Reiterei ihre Pferde hart in die Weichen und ritt los. Nun wurde die Wucht der Keule des Herakles voll entfesselt. Zur gleichen Zeit feuerten die Skythen eine Salve von Pfeilen ab, welche auf die persischen Bogenschützen hagelten. Aus Ptolemaios' Einheit schossen die Kanaanäer ihre Pfeile ab, die ebenfalls auf die feindlichen Bogenschützen gezielt wurden. Alexander preschte mit seiner Kavallerie auf eine Stelle zwischen den Bogenschützen und den griechischen Söldnern zu. Alle Augen richteten sich auf die persischen Bogenschützen: Doch noch immer keine feindlichen Salven. Vom linken Flügel Alexanders knackte der Bogen der Artemis – „Furchtbar dröhnte der Klang des silbernen Bogens" (Ilias I, 49). Dreimal klang der Bogen der Artemis, und jede Salve wirkte auf die persische Infanterie vis à vis verheerend. Nun schritten die makedonischen Phallangen langsam über die Ebene vor. Vom linken sowie vom rechten Flügel der vorderen persischen Front sah man Rauchschwaden aufsteigen und hörte Geschrei voll Angst und Verwirrung. Als die Reiterei auf die Front stieß, erblickte man in Panik geratene, brennende Männer und verkohlte Leichen. Die griechischen Söldner schlossen die Reihen um Darius, der hinter sie zurückgewichen war. Die Astaras konnten drei Salven abgeben, bevor sie von den Skythen unter Beschuß genommen wurden. Viele von ihren Geschoßen aber trafen nicht nur die makedonische Reiterei, sondern auch die eigenen Soldaten. Dann mußten sie zu Darius hinübereilen, der in Bedrängnis geraten war. Dort wurden sie in ein Handgemenge verwickelt, nicht nur mit Alexanders Kavallerie, sondern auch mit den anrückenden Phallangen des Parmenion. Am rechten Flügel waren die Einheiten von Qrateros, Staras und Auras im Anmarsch. Bald trafen sie auf die verheerenden Folgen des Bogens der Artemis, bevor sie von der hinteren Linie des Darius angegriffen wurden. Hier mußten sie schweren feindlichen Attacken standhalten.

Die Astaras und die griechischen Söldner bildeten eine provisorische Linie, um Darius zu schützen. Am rechten Flügel dieser Linie entbrannte ein heftiger Kampf. Stratorestqos erzielte einen plötzlichen Durchbruch, indem er Arsis, einen ranghohen Würdenträger zusammen mit einigen seiner Soldaten mit seinem Gilon tötete. Alexander durchstieß die Reihe, erblickte Darius, der einige Meter vor ihm war, und ritt auf ihn zu, gefolgt von Retris, Deinokrates und Vasuras. Darius, der Alexander angreifen sah, saß auf einem Palamino auf und ritt gleich mit zweien seiner Leibwächter davon. Die anderen Wächter blieben zurück, um sich Alexander entgegenzustellen. Darius zog sich in eine Stellung zurück, die sich rechts von seinem Lager befand. Dort gelang es Arsames, die Kampflinie neu zu gruppieren. Hier sollten sich die heftigsten Kämpfe ereignen. Zu Alexander stießen nun seine Kavallerie und die Phallangen von Parmenion und Ptolemaios. Darius' Linie wurde gebildet aus Astaras, Infanterie-Einheiten und einer Kavallerieschwadron. Weiter rechts wurden seine Truppen in einen verbissenen Kampf mit den Einheiten von Qrateros, Staras und Araus verwickelt. Links wurden die übrigen Astaras und griechischen Söldner von Aras und den skythischen und paeonischen Bogenschützen unter Beschuß genommen. Nachdem diese aufgerieben worden waren, vereinten sich die Bogenschützen wieder mit den Einheiten. Auf der rechten Seite dieser neu formierten Linie fanden die allerschwersten Kampfhandlungen statt. Die linke Seite wies eine Reihe undichter Stellen auf, die besonders verwundbar waren. Hier wurden Aras und Vasuras zusammen mit den Skythen und Paeoniern in Kämpfe verwickelt. Während der Gefechte am linken Flügel stieß Aras auf Arsames, einen persischen Würdenträger, tötete ihn mit seinem „gilon" und ergriff die Gelegenheit, einen Durchbruch in dessen Linie herbeizuführen. Mit einer Schar von Soldaten stieß er vor und durchbrach eine Reihe von persischen Soldaten, die sich um den tödlich verletzten Arsames kümmerten. Aras und seine Schar stürmten los und trafen auf Atizyes und eine Gruppe von Persern. Im darauf folgenden Scharmützel kam Atizyes ums Leben, und Aras rannte mit ein paar anderen hinter der Linie auf die Stelle zu, wo Alexander einen Durchbruch zu erzwingen versuchte. Ein parthischer General namens Auras sah Aras mit zwei anderen Soldaten auf die Linie zueilen und wollte sie mit seinem Schwert angreifen. Aras versetzte ihm einen Schlag mit seinem Gilon. Dieser erstarrte und sank gelähmt zu Boden. Dann nahm Aras einen „taura" (תורא) und ließ ihn kreisen. Daraufhin fingen einige persische Soldaten Feuer und begannen schreiend davonzulaufen. Aras selbst wurde dann von anderen Soldaten arg zugesetzt und geriet in Bedrängnis. Alexander, der jetzt zu Fuß kämpfte, sah, was Aras tat, und sprang mit Retris, Stratorestqos, Auprassos und einigen anderen durch die Öffnung, um Aras zu Hilfe zu kommen. Daraufhin entstand eine rege „melée" um Aras herum. Auprassos nahm plötzlich den „taura" und rannte auf die hintere Reihe der persischen Linie zu. Er ließ ihn kreisen und ein noch größerer Brand brach aus, welcher ein riesiges Loch in der Linie schuf. Makedonische Soldaten begannen durchzuströmen und sich des Areals zu bemächtigen. Ein persischer Soldat stürzte sich auf Auprassos und rang mit ihm, bis ein makedonischer Soldat einschritt und den

Perser in die Flucht jagte. Aras kämpfte weiter, bekam allerdings eine leichte Kopfverletzung zugefügt und wurde hinter die makedonische Linie geführt, wo er ärztlich versorgt werden konnte. Einige makedonische Verbände stießen zu Alexander und kämpften gemeinsam mit ihm gegen Auras' Einheit. Nachdem sie diese überwältigt hatten, griffen sie Darius' Garde an. Als sie sich ihr näherten, ließ Auprassos den Taura noch einmal kreisen. Feuer erfaßte Darius' Männer, und sie ergriffen schreiend die Flucht. Ein persischer Würdenträger versuchte, die Reihe zu schließen, und geriet auch in Brand, als Auprassos den Taura wieder einmal kreisen ließ. Der linke Flügel von Darius' Garde brach zusammen. Alexander preschte mit Retris, Stratorestqos, Auprassos und Soldaten aus Parmenions Einheit durch und ging auf Darius zu. Darius sah seinen Feind auf sich zukommen und seine Männer in Panik geraten. Daraufhin packte ihn das Entsetzen. Er gab dem Fahrer des Streitwagens, auf den er gerade umstieg, Befehl, zu wenden und zu fliehen. Damit war die Schlacht bei Issos entschieden.

Qoros berichtet, daß Darius' Verluste sich auf 3.440 Tote und 3.350 Verwundete beliefen. Alexander hatte 450 zu beklagen und 530 Verletzte. Grundsätzlich hatte Darius allen Grund, dem Kampf mit Alexander zuversichtlich entgegenzusehen. Aber er hatte mit den Stopara nicht gerechnet, die sich Alexander in den vorigen Monaten anschaffen ließ. Sie erwiesen sich für ihn als unentbehrlich. Qoros meint, daß er ohne sie die Schlacht nie hätte gewinnen können. Doch blieben sie eines der größten Geheimnisse des Alexanderzuges. Darius zog inzwischen eine wichtige Lehre aus der Schlacht. Bei der Schlacht bei Arbela, seiner nächsten und letzten Schlacht mit Alexander, vermochte er einige Stopara und Rhabdos-Träger zu erwerben. Doch waren sie letzten Endes denen von Alexander und seinen Κουροι entschieden unterlegen. Außerdem schaffte sich Alexander ein Abwehrmittel an, das die Stopara von Darius ziemlich wirkungslos machte.

Unseren Quellen zufolge wurden Staras und Astos nach Damaskus geschickt, um Darius' Schätze einzuziehen. Unter den Hof-

Gefangenen, die zu Alexanders Hauptlager nördlich von Baiai zurückgeführt wurden, befand sich eine Dame, die Alexander schon früher von Pella kannte. Sie hieß Barsine und war die Tochter des persischen Satrapen Artabazos, der am Hof Philipps in Pella einst Zuflucht gefunden hatte. Sie war auch die Witwe von einem von Alexanders erbitterten Gegnern, Memnon von Rhodos, und daher sowohl mit der hellenischen als auch mit der persischen Lebensart vertraut. Qoros beschreibt sie als eine äußerst schöne, hochgewachsene Frau mit kurzgeschnittenen goldenen Haaren. Sie beherrschte drei Sprachen und brachte Alexander ein ziemlich fließendes Persisch bei. Anfangs war sie ihm weniger zugeneigt als er ihr. Später wurde sie zu seiner Geliebten – und schließlich zu seiner Frau. Alexander hatte fünf Frauen: Stateira, die Tochter des Darius, Parysatis, die jüngste Tochter des Artaxerses, Roxana, die Tochter des Oxyartes, eine gräko-ägyptische Priesterin namens Auga und Barsine. Zu ihr hatte er allerdings die innigste Beziehung, die er je zu einer Frau haben konnte. Mit ihr teilte er seine Gedanken und Visionen einer neuen Ordnung. Sie war nicht nur vertraut, sondern auch eingeweiht in viele Dinge, die mit dem Orden des Joulos zu tun hatten. Später gebar sie Alexander einen Sohn namens Herakles. Beide wurden nach dem Tod Alexanders von Roxana ermordet.

In Akko wieder angelangt, wurde Alexander in aller Feierlichkeit im Tempel des Adad zum „sansritir", griechisch: σωτηρ του Χειρονος erhoben. Hier sind die Worte αρμοστης και διαλλακτης των ολων, welche Plutarch später auf Alexander beziehen sollte, voll zur Geltung gekommen. Er war nun der auserkorene Träger einer neuen Weltordnung.

Um die Zeit der oben erwähnten Feierlichkeiten wurden auch intensive Vorbereitungen für den Feldzug nach Ägypten getroffen. Aber sie wurden abrupt eingestellt, als sich ein Zwischenfall ereignete, der nicht nur die ägyptischen Pläne um sieben Monate hinauszögern, sondern auch dem ganzen Alexander-Feldzug (πονος) eine schicksalshafte Wendung geben sollte. Qoros behauptet, daß Taras den Kynros raubte und damit nach Tyros floh. Dieses Unglück war der Anlaß zur langwierigen Belagerung der Stadt sowie zu ihrer grausamen Vernichtung. So merkwürdig es auch klingen mag, es war Tyros, das eigentlich Alexander besiegte, denn mit seiner Zerstörung wurde der erste Stein zu Alexanders Untergang gelegt.

Im Grund genommen hatte Alexander keinen Anlaß, Tyros anzugreifen. In der Zeit nach Issos kam es sogar zu einem allgemeinen Verständnis, daß Alexander der Stadt ihre Neutralität garantieren würde, wenn diese alle Hilfeleistungen an Darius einstellte. Aber mit dem Raub des Kynros änderte sich die Situation schlagartig.

Einige antike Geschichtsschreiber haben berichtet, daß Alexander Melkarth, dem tyrischen Äquivalent des Herakles, ein Opfer darzubringen wünschte. Als ihm dieser Wunsch verweigert wurde, beschloß er, die Stadt zu belagern. Qoros behauptet, daß dieser Bericht im Prinzip richtig sei. Die mythisch-fromme Erklärung birgt in sich tatsächlich reale, handfeste Tatsachen, die hier kurz umrissen werden sollen.

Alexander zog mit einigen Hundert Soldaten nach Tyros, um über die Auslieferung von Taras sowie die Rückgabe dessen, was Taras gestohlen hatte, zu verhandeln. Die Tyrer schickten einen Unterhändler zu Alexander, und das Treffen fand in Aras' Zelt unter vier Augen statt, allerdings im Beisein von Aras, der als Dolmetscher und Berater fungierte. Der Unterhändler, der selbst ein Priester des Adonis war, begann mit der Mitteilung, Azimilkos, der König von Tyros, sei nicht gewillt, Taras oder den „Becher" zu übergeben; dennoch sei er bereit, Alexander einen Handel vorzuschlagen: Azimilkos dürfe den Becher behalten, dafür könne Alexander einen Gegenstand erhalten, den die Tyrer „pu^{c}al" nannten. Dieser Pu^{c}al könne Alexander als Herakles von großem Nutzen sein. Allerdings verfüge Azimilkos selbst nicht über den Pu^{c}al, sondern Saura, ein sidonischer Hoherpriester des Adonis in Tyros, den man Melkarth gleichsetzte. Alexander müßte zunächst zu Saura gehen und ihn um diesen bitten. Nun, über den Pu^{c}al wird vorläufig keine

Auskunft gegeben, außer daß es sich dabei um ein Gewebe handelt, das ursprünglich aus Ägypten kommt. Die Ägypter nannten es „taraya" 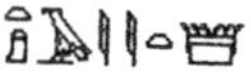 und wiesen darauf hin, daß dies eine Umhüllung oder ein Schleier sei, welcher mit der ägyptischen Göttin Neith verbunden sei. Nach außen hin zeigte Alexander keine erkennbare Regung, innerlich aber tobte er vor Wut. Aras, der schon wußte, was das Gewebe sei, erklärte Alexander die Bedeutung des Pu^{c}als. Alexander sagte, er würde sich auf keinen Handel einlassen, bis er Saura sowie den Pu^{c}al gesehen habe. Aras wies den Unterhändler an, einen Termin zu vereinbaren, wann Alexander zu Saura kommen dürfe.

Drei Tage später trafen tyrische Unterhändler in Akko mit der Botschaft ein, daß Alexanders Ersuchen, den tyrischen Melqarth zu sehen, abgelehnt sei. Sowohl Azimilkos als auch Saura weigerten sich, Alexander zu empfangen. Saura riet Azimilkos jedoch, den Kynros Alexander zurückzugeben, da er dem tyrischen König nicht gehöre. Azimilkos schlug den Rat in den Wind, und somit begann die aufwendigste und schwerste Belagerung, die Alexander je unternahm.

Qoros erzählt, daß Azimilkos während der Belagerung mehrmals versuchte, des Pu^{c}als habhaft zu werden. Saura lehnte mit der Begründung ab, er sei nicht berechtigt, über das Gewebe zu verfügen. Daher kam es zum Zerwürfnis zwischen ihm und Azimilkos. Diese Episode ereignete sich ungefähr drei Monate nach Beginn der Belagerung, zu einer Zeit also, in der Azimilkos viel Unterstützung geistiger und physischer Art benötigte. Im Laufe dieser Auseinandersetzung mit dem König nahm sich Saura vor, mantische Erkundigungen über Alexander einzuziehen. Er stellte fest, daß Alexander doch Herakles sei und als Herakles ein Recht auf den Pu^{c}al habe. Saura bedauerte seine Unachtsamkeit, revidierte sein Urteil über Alexander und schickte einen geheimen Kurier mit der folgenden Mitteilung zu ihm: ηλιος Αλεξανδρον Ρωποαραν ειδεν Αρωτον – „Die Sonne (Helios) sah Alexander Ropoaras (als) Herakles". Einen Monat später kam der zweite und letzte Bote von

Saura zu Alexander. Durch ihn wies Saura Alexander an, sich zum Tempel des Amun in Ägypten (Siwa) zu begeben. Dort würde Saura ihm die θεα „Göttin" (Pu^{c}al) übergeben. Dies war das zweite Mal, daß Alexander etwas über die Oase von Siwa erfuhr. Das erste Mal war es in Akko (nach Alexanders Erhebung zum „Soter") gewesen, als Aras den Tempel des Amun gegenüber Alexander in Verbindung mit einem Gegenstand, der mit dem Zeus-Kult zu tun hatte, erwähnte.

Um zu verhindern, daß der Pu^{c}al Azimilkos in die Hände falle, beschloß Saura, Tyros insgeheim zu verlassen und nach Ägypten zu fliehen. Dort sollte er Alexander, wie er ihm eben mitteilte, im Tempel des Amun zu Siwa begegnen.

Nach langem, erbittertem Kampf nahmen die Makedonen die Stadt im Sturm ein und richteten ein furchtbares Blutbad an. Viele der Verteidiger fanden den Tod, Frauen und Kinder wurden in die Sklaverei verkauft. Die Stadt wurde völlig zerstört und sollte nie wieder jene Bedeutung erlangen, welche sie früher hatte. Alexander gewann den Kynros wieder – aber zu welchem Preis. Denn dieser erlangte nie wieder das göttliche Potential, das er einst besessen hatte.

Qoros nannte folgenden Grund, weshalb Alexander Tyros so grausam über die Klinge springen ließ. Es ging um den tyrischen Gott Moloch, den Alexander und sein Kreis als die Form einer Gottheit sahen, die sie als στονος του γιγαντος identifizierten. Für sie waren die Götter lebendige Energien. Man wollte Moloch schaden, wenn nicht sogar unschädlich machen, indem man unter anderem seinen Verehrern gleichfalls Schaden zufügte. Außerdem wurde Moloch als verantwortlich für die „ungerechte" Verbrennung Trojas betrachtet, denn ihren Unterlagen und Legenden nach waren die Tyrer an der Zerstörung Trojas beteiligt. Es waren ihre ναρθηκες (stopara), welche die Stadt niedergebrannt hatten. Achilles verließ die Stadt, nachdem er das Palladium wieder bekommen hatte. Aupretqos-Menelaos und seine Scharen aber ließen Troja aus purer Gier und Brutalität über die Klinge springen. Qoros berichtet, dies sei Alexanders schwierigste Entscheidung gewesen. Die meisten in seinem Kreis waren dagegen, Tyros auf solch brutale Weise zu bestrafen. Phaqas und Staras wollten z. B., daß die Bevölkerung auf andere Städte umverteilt würde. Halynos hingegen plädierte für die völlige Zerstörung der Stadt und konnte sich letzten Endes bei Alexander durchsetzen.

Im Grund genommen waren Halynos und Alexander für die Vernichtung von Tyros verantwortlich. Andererseits muß auch gesagt werden, daß die Tyrer nicht viele Freunde unter den Makedonen fanden. Sie benahmen sich dermaßen unvernünftig und arrogant, daß sie nicht mit dem geringsten Verständnis rechnen konnten, nachdem sie besiegt worden waren. Sie schlugen jeden vernünftigen Kompromiß in den Wind, provozierten, reizten und verhöhnten, wo es nur ging. Dennoch, daß der neu erhobene „Sansritir", der Träger einer neuen Vision, so eine grausame Tat zulassen konnte, enttäuschte und verstimmte eben die Kräfte, die ihn in seiner Mission so eifrig unterstützten. Obwohl die Zerstörung von oben als gerecht empfunden wurde, setzte sie Kräfte in Bewegung, die Alexander und seine Apounta-Vision entscheidend beeinträchtigen sollten.

Nie wieder sollte ihm die Gnade zuteil werden, deren er sich einst erfreute. Auf dem Schlachtfeld durfte er zwar weiterhin siegen, doch ab Tyros war er für die Schläge der Nemesis offen, die ihn hin und wieder hart treffen sollten.

ἔπειτα πορεύεται Ἡρακλῆς ἐν τῷ δέπαι τούτῳ ἐς τὴν Ἐρύθειαν. καὶ ὅτε δὲ ἦν ἐν τῷ πελάγει, Ὠκεανὸς πειρώμενος αὐτοῦ κυμαίνει τὸ δέπας φανταζόμενος. ὁ δὲ τοξεύειν αὐτὸν μέλλει, καὶ αὐτὸν δείσας Ὠκεανὸς παύσασθαι κελεύει.

„Dann reiste Herakles in diesem Becher nach Erytheia. Als er auf hoher See war, griff Okeanos ihn an, indem er sichtbar wurde und den Becher ins Schwanken brachte. Herakles war im Begriff, auf ihn mit Pfeil und Bogen zu schießen, als Okeanos ihn verängstigt bat, damit aufzuhören."

Athenaeus, Deipnosophistae, XI. 470d.

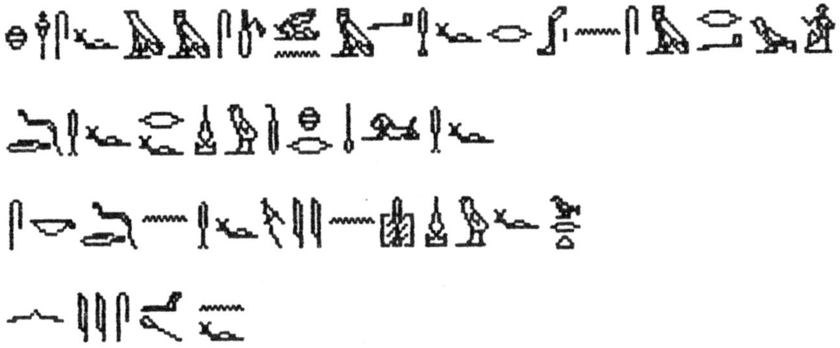

„Das machtgeladene Szepter, das seine Majestät trug, traf den Fuß des Priesters Rawer.
Darauf sprach seine Majestät: ‚Mögest du unversehrt sein!' Als er das sagte, wurde der Freund seiner Majestät heil. Der Stab hat ihn nicht verbrannt."
Aus den biographischen Inschriften des Rawer, der unter dem König Nefer-ir-ka-Re lebte, in seinem Grab bei Giza.

Urk. I 232, 8–11

KAPITEL V

DAS FEUER DES DIONYSOS

Im fünften Monat der Belagerung von Tyros lief ein Schiff aus Piräus in Akko ein. An Bord war ein Ägypter namens Naschtariarauw. Die Geschichte kennt ihn unter einem anderen Namen. Qoros möchte jedoch bei diesem Namen bleiben. Naschtariarauw war ein ranghoher ägyptischer Würdenträger, der aus der Stadt Sais fliehen mußte, weil die Perser unter König Ochos in das Delta eindrangen. Naschtariarauw floh zuerst nach Athen, wo er Beziehungen zu wichtigen griechischen Heerführern, die im Dienst des Pharaos gestanden hatten, knüpfte. Durch diese Beziehungen lernte er Aristoteles kennen, der ihn an den Hof Philipps von Makedonien empfahl. In Pella sollte er Bekanntschaft mit Raton und schließlich mit dem jungen Alexander machen. Naschtariarauw kannte sich unter anderem mit der Anfertigung und dem Gebrauch von „gila" und „stopara" bestens aus. Qoros behauptet, er sei es gewesen, der diese Kenntnisse an die Makedonen weitergab, vornehmlich an Raton und an einen Kreis, den er selbst organisierte und ausbildete. Man nannte sie „Lotosmänner", und sie sollten sich später für Alexander als unentbehrlich erweisen. So ein spezielles Wissen wie das, worüber Naschtariarauw verfügte, war in der damaligen mediterranen Welt kaum verbreitet. In der Tat gab es nur einige Zentren, die sich mit solchen Dingen überhaupt beschäftigten. Man mag sie zwar vom Hörensagen gekannt haben, aber was wirklich an diesen Orten geschah, wußten nur ganz wenige. So ein Wissen hielt man einfach geheim. Philipp wußte auch nichts von den wahren Talenten Naschtariarauws, außer daß er von Aristoteles als Geomantiker empfohlen wurde. Es war jedoch Raton, die seinen wahren Wert erkannte und sich schließlich seiner annahm.

Sowohl Naschtariarauw als auch Raton machten Alexander mit dem Phänomen des τεμνον αστροπυρ (das treibende schneidende Sternenfeuer) vertraut. Qoros behauptet, daß es sich bei diesem Begriff um das „πυρ τεχνικον" – (Feuer des Himmels) handle, das Hephaistos, der Gott der Technik, als Prometheus einst Kronos geraubt hatte. Der Raub oder die Entwendung dieses Feuers durch Hephaistos wurde als die eigentliche „Entmannung" des Kronos betrachtet, von der in den antiken Legenden häufig gesprochen wurde.[1] Kronos war der Regent und Hüter des Goldenen Zeitalters. Durch die Tat der Entmannung mußte er sich jedoch zurückziehen und seine Herrschaft an Statthalter abgeben, die fortan Perioden von minder metallischem Wert einleiteten. Im ehernen Zeitalter wurde Kronos vollständig besiegt. Schließlich wich dieses dem allerletzten, dem eisernen, in dem die Menschheit gegenwärtig ihr Dasein fristet. Das „Feuer", das Hephaistos entwendete, wurde zu egoistischen Zwecken pervertiert, bis es endgültig verschwand. Die Kräfte, die den Menschen später überlassen wurden und über die sie verfügen dürfen, sind mehr von niedrigerer Natur; doch selbst diese sind gefährlich genug.

Zur Zeit Alexanders gab es etliche Enklaven, die das Wissen über dieses einmalige Phänomen pflegten und weitergaben. Dennoch blieb es zum Schutz der Menschheit und aus Angst vor deren unrechtmäßigem Zugriff verborgen. Im Grund genommen ist die Geschichte Alexanders die Geschichte des Auftauchens dieses einst verschollenen Feuers.

Raton und Naschtariarauw sahen in Alexander einen außerordentlich hochgesinnten Herrscher, der eine längst vergangene Epoche, die nur mehr als Traum existierte, wieder einmal zum Leben erwecken konnte, und sie stellten ihm und den Männern, die zu diesem Zweck um ihn versammelt waren, ein uraltes Wissen zur Verfügung, in der Hoffnung, – wie es ihnen durch Zeichen und Portente mitgeteilt wurde – daß sie gemeinsam diese hehre Idee verwirklichen können würden.[2]

Qoros' Berichten zufolge bat Raton Naschtariarauw nach Akko zu kommen, weil sie eine unheilvolle Entwicklung sich anbahnen sah und dieser Einhalt gebieten wollte, bevor alles noch schwieri-

1 Die Entmannung wird oft auf Ouranos bezogen; Qoros aber bringt sie mit Kronos in Verbindung.

2 Die Zeichen deuteten darauf hin, daß Dionysos wiedergekommen sei.

ger würde. Sie war nämlich besorgt über die Verwendung von Stopara im Krieg. Sie sah, was sie bei Issos anzurichten vermocht hatten, und erlebte jetzt, welche Zerstörung sie bei der Belagerung von Tyros verursachten. Vor allem fürchtete sie sich vor dem zunehmenden Einfluß Aras' auf Alexander. Sie sah niemanden, der stark genug wäre, um ihm Paroli bieten zu können. In der Tat schätzte sie Aras' Persönlichkeit als noch stärker ein als die Alexanders und befürchtete unheilvolle Konsequenzen, falls dieser die Oberhand gewänne. Über diese Dinge sprach sie nie mit Alexander persönlich, sondern teilte Stratorestqos ihre Besorgnisse in der Hoffnung mit, daß er vielleicht ihre Einwände zur Geltung bringen könnte. Bis jetzt zeitigte diese Maßnahme allerdings keine Wirkung und sie entschloß sich, Naschtariarauw mit dem Ziel intervenieren zu lassen, daß er, der dieses Wissen nach Pella gebracht hatte, eine neue Wende herbeiführen konnte.

Auf Grund seiner ansehnlichen Leistungen und vor allem des Heldenmutes wegen, den er bei Issos gezeigt hatte, konnte Aras mit zunehmender Unterstützung unter den Schreibern rechnen. In der Tat genoß er ein beachtliches Ansehen innerhalb des Ordens des Joulos. Man bewunderte seine Tatkraft, seinen Ideenreichtum und vor allem seine Erfolge. Im allgemeinen waren es nur vier Männer innerhalb des Kreises, nämlich Aqaras, Stratorestqos, Retris und Staras, die mit mancher seiner Ideen nicht einverstanden waren – sie schienen ihnen recht dubios und nicht ehrenhaft zu sein – jedoch behielten sie ihre Einwände für sich und meldeten sich diesbezüglich nie öffentlich zu Wort. In die vielen Aufgabenbereiche des Aras fiel das, was man vielleicht als „hermetische Kriegsführung" bezeichnen könnte. Hier hatte er reichlich Gelegenheit, manche seiner teuflischen Talente auszuprobieren. Nicht selten wurde er in Pläne verwickelt, deren moralische Richtigkeit oft bezweifelt wurde. Dies schien kaum sein Gewissen zu belasten, die anderen hingegen zogen es vor, ein Auge zuzudrücken.

Einer dieser Pläne war ein Attentatsversuch auf Darius selbst. Aristokles war der Urheber des Planes; Aras sollte ihn ausführen. Auf

Alexander selbst wären in der Vergangenheit drei Mordanschläge in Gordion von gedungenen Attentätern versucht worden. Jetzt waren sie der Meinung, man sollte endlich diese Strategie gegen Darius anwenden. Beteiligt am Plan waren nur Aristokles, Aras und Qadros. Alexander wußte nichts von diesem Plan. Auch wenn er davon gewußt hätte, hätte er ihn aus Prinzip nie gebilligt. Dennoch waren die drei von der Effizienz ihrer Idee überzeugt und wollten den Plan unbedingt durchführen. Aristokles erfuhr, daß Darius und seine Magier Bedarf nach „gila" hatten und gedachte, ihnen eines zukommen zu lassen, allerdings ein präpariertes – einen sogenannten ναρθηξ του στονου, „einen Narthex des Jammers" (Jammerstab). Aras weihte Stratorestqos in den Plan ein und schickte ihn zu Astoras, der über gewisse „Hinterkanäle" zum persischen Hof verfügte, welche ihnen von Nutzen sein könnten. Stratorestqos, der von vornherein von der Idee weniger begeistert war, tat, was ihm aufgetragen wurde, und überbrachte Astoras Aras' Botschaft mit dem Inhalt, Aras suche einen Draht zu Horas, einem von Darius' Magiern, um Darius selbst einen „Jammerstab" zukommen zu lassen. Horas würde sofort erkennen, was er erhalten hatte und, vom Wunsch beseelt, dem Großkönig einen Gefallen zu erweisen, würde er ihm dies gleich zeigen wollen. Wenn alles wie erwartet verlief, dann würde man am persischen Hof für eine „astropyrische" Überraschung sorgen. Die Idee gefiel Astoras, und er wußte sofort, was zu tun war. Er kannte einen Händler namens Auras, von dem er wußte, dieser sympathisiere mit Persien, und teilte ihm mit, wenn er Horas einen „ ת ק ע א " überbringe, würde dieser es sehr zu schätzen wissen und ihn für seine Mühe entsprechend belohnen. Weitere Einzelheiten wurden besprochen, und die Tat wurde für den übernächsten Tag angesetzt. Für Auras war der Diebstahl eine leichte Beute – allzu leicht, wie es sich herausstellte. Er nahm nicht nur das präparierte „gilon", sondern auch ein Stoparon. Das war natürlich bedauerlich. Aber man dachte, daß das Ergebnis irgendwelche Verluste doch letzten Endes wiedergutmachen würde.

Qoros erzählt, daß das Gilon an den persischen Hof gelangte, und daß, als Auras und Horas im Begriff waren, es Darius zu präsentieren, es plötzlich in Flammen ausbrach. Auras wurde schwer verbrannt; Horas erlitt leichte Verbrennungen. Darius aber passierte – außer einem Schock – nichts. Im Endeffekt verfügten die Perser nun über ein Stoparon, das sie gegen Alexander einsetzen konnten.

Dies waren genau die Mißbräuche, derentwegen sich Raton und Naschtariarauw ernste Sorgen machten, denn sie drohten den moralischen Aspekt und daher die Gunst der Götter zu untergraben, worauf Alexander für den Erfolg seiner Mission angewiesen war.

Fünf Wochen nach der Einnahme von Tyros machte Auprassos in Akko eine Entdeckung, welche den Alexanderzug in eine völlig neue Perspektive rücken sollte. Aus dem Archiv des Tempels von Adad besorgte er sich drei alte Landkarten, die einst von phönikischen Kartographen angefertigt worden waren. Sie stellten sich als die bei weitem besten heraus, die er jemals gesehen hatte. Auf dem östlichen Teil der Landkarte waren Gebiete zu sehen, welche man als die West-Teile von Indien (Hintah) und der Mongolei (^{c}Auqah) identifizieren konnte, sowie Gegenden, die sich bis nach Rußland (Saura) erstreckten. In der Nähe von Taschkent sah man den Namen „Saqah", welcher sowohl in Finnland als auch in Ost-Europa auftauchte. Der südliche Teil umfaßte ein Gebiet, das sich von Indien über die arabische Halbinsel bis nach Nordafrika erstreckte. Hier war Jemen deutlich zu sehen, das man als „Sabah" und „Satoliah" bezeichnete. Die Gegend westlich von Griechenland trug den Namen „^{c}Erabah". Dort sah man Italien (araṣ de beḫora) samt allen seinen umliegenden Inseln sowie die Insel Malta, die man „^{c}Audša" nannte. Eingezeichnet waren auch die Iberische Halbinsel mit dem Namen „Tarschisch" auf der rechten Süd-Ost-Seite und „Gasara" auf der Süd-West-Seite in der Nähe von Cadiz. Zwischen Spanien und Nordafrika stand „Toqat ^{c}Aurabah" (תוקת ערבה) bzw. „die Säulen des Herakles" zu lesen.

Das ganze europäische Festland wurde als „^{c}Erabah" bezeichnet. Hier sah man die Britischen Inseln (Süd-Ost-England wurde „Sapaura", Süd-West-England „Brasalia" sowie Teile von Skandinavien wurden „Gupa" genannt). Den Atlantik bezeichnete man als „^{c}Erab".

Auprassos verbrachte zwei Tage mit dem Studium dieser einmaligen Landkarten. Was ihn vor allem interessierte, war die geomantische Beschaffenheit mancher Gegenden. Er untersuchte sie auf Diagonal- und Global-Gitter oder, wie er sie nannte: stadia tōna aupōna und stadia toua Steara. Die Diagonalen bestanden aus negativen, linksdrehenden Energien, die Globalen aus positiven, rechtsdrehenden, also dem „Feuer des Kronos". Wo Kreuzungen vorkamen, notierte er die Art und die Qualität, die sie ausstrahlten. So nannte er zum Beispiel eine Kreuzung aus einer diagonalen und einer globalen Linie eine „Tiara". Eine Kreuzung, an der zwei Diagonalen zu verzeichnen waren, hieß „Geatauros" oder „Erd-Stier". Eine Kreuzung, an der zwei Globale erschienen, bezeichnete er als „τεχνικη τιαρα" oder „Feuer-Tiara". Während Auprassos diese Landkarte untersuchte, – über sie gleichsam mit einem γυμνοθρομβος (eine Art Pendel) streifend – bemerkte er ein seltsames Muster, das sich gerade vor seinen Augen abzeichnete. Das Muster bestand vorwiegend aus Geatauri mit einigen Feuer-Tiaren und wies eine auffallende Ähnlichkeit mit dem Sternbild des Herakles auf. Er nannte es αστρον Αρωτου – „Stern des Herakles" und dachte, hier sei das Betätigungsfeld für den „neuen Herakles". Der „Stern", der ein gewaltiges Gebiet umfaßte, wurde aus den folgenden Zentren gebildet: einem Geatauros nahe dem Oxus-Fluß beim Hyrkanischen See. Von dort verlief eine Linie bis zu einer Gegend nahe der Quelle des heutigen Jhelum-Flusses. Dort bildete sich ein Geatauros. Von diesem Zentrum aus verlief eine Linie, die sich mit einer anderen nordöstlich von Aden in Jemen kreuzte; diese zweite Diagonal-Linie strebte nach Ägypten, wo sie sich mit einer anderen Diagonal-Linie in der Nähe der Oase von Siwa kreuzte, wo sich ein „Tauras", d. h. ein zusammengesetzter Geatauros, bildete. Eine dieser Diagonal-Linien verlief in Richtung Raqata

(Alexandria), die andere nach Zypern. Das waren nur einige der Zentren, die diesen „Stern" ausmachten. Später konnte Auprassos dieses Schema durch weitere Zentren wie Gizeh, Aswan, Akko, einige Stätten in Europa sowie auf den Britischen Inseln (z. B. Stonehenge) ergänzen.

Auprassos zeigte Aras seine Ergebnisse, der folgende Idee entwickelte: Auf Grund ihrer Negativität waren die meisten dieser Zentren von Ahriman beherrscht. Aras folgerte, wenn eine στοιχισις oder στοιχεια, eine Harmonisierungsoperation (Ausgleich), an diesen Stätten vorgenommen würde, könnte man durch die massive Zufuhr oder Verstärkung positiver, astropyrischer Energie die gewaltigen Ströme negativer Kräfte, die von diesen Zentren ausgingen, hemmen, wenn nicht sogar unterbinden. So eine „Reinigung" – eine derartige Überflutung von positiver Energie – würde die erste Etappe zur eventuellen Wiederkehr des Kronos bedeuten. Hier waren die gewaltigen „Werke", welche eines neuen Herakles würdig waren. Um diese Werke auszuführen, – so stellte Aras fest – bräuchte Alexander zwei Gegenstände: die „θεα" und das, was die Ägypter „st^{c}aura" nannten. Das waren Instrumente, die mit dem Kult des Herakles zu tun hatten, und beide befanden sich in Siwa.

Kurz nachher gingen Auprassos und Aras zum Zelt des Alexander. Dort trafen sie Alexander und Aupoas, die gerade über den kommenden ägyptischen Feldzug sprachen. Zu dieser Zeit war auch Barsine im Zelt anwesend. Sie sollte ebenfalls Zeugin dieses Gespräches werden. Auprassos kam rasch zur Sache und erklärte sowohl Alexander als auch Aupoas, was er gerade entdeckt hatte. Er zeigte ihnen all die betreffenden Zentren sowie das Muster, das sie aufwiesen, und erklärte ihre jeweilige energetische Beschaffenheit. Alexander war mit der Natur der Geomantik bereits wohlvertraut und erkannte rasch die Größe dessen, was Auprassos und Aras ihm vortrugen, sowie die Bedeutung, die diese Zentren für sein künftiges Unternehmen haben würden. Auprassos erklärte weiter, daß solche Aktivitäten nicht zum ersten Mal durchgeführt würden; nur, als sie damals geschahen, übten sie eine äußerst negative

Wirkung auf verschiedene Gebiete aus und stürzten sie ins Eiserne Zeitalter, in dem diese noch immer verharrten. Er erzählte, wie einst Hephaistos-Prometheus durch αστροχρασα (Sternenfeuer-Entwendung) sämtliche Landstriche in Mesopotamien verdorben hatte. Er wies auf die Landkarte und zeigte Alexander Zentren in Europa und Britannien, die einst Dardanos, ebenfalls durch αστροχρασα, ruiniert haben sollte. Qoros berichtet hier, daß Dardanos sich mit dem keltischen Gott Dagda identifizieren lasse, der auch Aed (Feuer) sowie „Ruad Rofessa" (Herr des Wissens) genannt wurde. Ihm wurde zur Last gelegt, daß er die negativen Kräfte durch Feuer-Entwendung verstärkt hatte. Sein Tauronomos, Souras, der erste Herakles, der bei den Kelten als Ogmios bekannt war, hatte versucht – allerdings vergeblich – Dardanos von seinem Vorhaben abzubringen. Alexander erkannte, daß sich hier eine einmalige Gelegenheit bot, vergangene Missetaten zu berichtigen und durch dieses Wissen ein neues Zeitalter für die Menschheit einzuleiten. Aras erklärte, daß die „triounsis" (Illuminierung) sowie die „σφαιρα των λαων" (Feuerkreis der Völker), also eine neue Ordnung der Aretê, die Alexander anvisierte, beginnen könnte, wenn man Ahriman durch στοιχεια die Kraft nähme, die er zur Erhaltung seines Reiches benötige. Wenn dies geschähe, so lege man den ersten Stein zur Wiederkehr eines dionysischen Zeitalters. Um dies zu verwirklichen, bräuche man vorerst die θεα und den θεου αστροσταυρος, Gegenstände, welche jeder Herakles rechtens benutzen konnte, um seine ευεργεσια (Wohltat) zu verrichten. Wiederum kam die Notwendigkeit zum Ausdruck, zum Tempel des Amun in Siwa zu fahren, um diese Dinge zu besorgen. Aras erwähnte auch, daß, da Alexander der designierte Offiziant der στοιχεια sein würde, er zuerst eine Kraft-Erhöhung erleben müßte, d. h. es müßte das innere Feuer entfacht werden, das die Griechen „μενος" nannten, ehe Alexander sinnvoll mit Stopara umgehen könne. Aras benutzte dafür einen ägyptischen Ausdruck „šra z^{c}a t^{c}asauw" – „Vergrößerung des Sternes der Neith". Diese Erhöhung, von der Aras sprach, sollte sich später in Memphis erst nach dem Besuch in Siwa ereignen und fand im ehemaligen Palast der

Apries statt, in der Nähe des heutigen Dorfes El-Gabri, und zwar in einer unterirdischen Krypte, die der Göttin Nemesis (äg.: Schai) geweiht war. Anwesend bei dieser Feier waren Auprassos, Aristokles und Onesikritos. Diese Erhöhung Alexanders sollte die Grundlage zur Legende seiner Ernennung zum Gott bilden. Dieselbe Kraft-Erhöhung hatte Aristokles in Gordion erlebt. Allerdings war er für so eine Erfahrung nicht reif gewesen, und wurde dadurch später ins Verderben gestürzt. Obwohl so ein Erlebnis für Alexander zu früh war, war er bei weitem reifer als Aristokles und konnte es daher besser ertragen. Trotz einiger Vorbehalte seitens Auprassos erachtete man Alexander für würdig und erlaubte ihm die „epopteia" (Schau), die ihn zum besonderen Verbündeten der Götter machte, wodurch er die Götter sehen durfte, denen er so eifrig diente.

Man nannte den Plan, wobei der bekannten Welt die negative Energie durch „Sternenfeuer" geschwächt werden sollte, αστρα του Κρονου – „Sterne des Kronos". Es wurde zum „grand design" des Alexanderzuges. Am Anfang wurden nur sieben Personen in diesen Plan eingeweiht: Es waren dies Auprassos, Alexander, Aras, Aupoas, Barsine, Naschtariarauw und Onesikritos. Später wurde der Zirkel um vier weitere ausgedehnt. Nur Aristokles, der erst Monate später miteinbezogen wurde, hing diesem seltsamen Traum nach und versuchte, lange nachdem die anderen verschwunden waren, diesen Plan zu realisieren, teils aus Loyalität, teils aus Reue, wegen der Tragödie, die sich im Verlauf des Feldzuges ereignen sollte.

Am Anfang waren Aras und Auprassos mit den Techniken dieses Vorhabens nicht sehr vertraut, und Aras wurde zu Naschtariarauw geschickt, um diesbezüglich Ratschläge einzuholen. Offiziell war Naschtariarauw in Akko, um die Lotosmänner zu besuchen und ihnen als Berater Beistand zu leisten. Man wußte offensichtlich nichts von der Antipathie, die er „anfangs" gegen Aras hegte. Jedenfalls dachte man, Aras wäre der geeignetste unter ihnen, um Naschtariarauw für den Plan zu gewinnen, denn der kannte die

Ägypter sehr gut und beherrschte ihre Sprache. Aras traf sich mit Naschtariarauw in seinem Quartier in der Stadt. Anfangs wurden Höflichkeiten gewechselt; man benutzte die Gelegenheit, den anderen ein wenig auszuforschen. Sie sprachen über ihren jeweiligen Werdegang, über den Kynros, die Lotosmänner, die Probleme, denen sie begegnet waren, sowie über die Fortschritte, die sie gemacht hatten. Dann kam man auf Stopara zu sprechen. Naschtariarauw sagte zu Aras, er selbst habe Stopara bei der Belagerung von Sidon und bei Pelusion eingesetzt, als die Perser in Ägypten eindrangen. Dennoch bärgen solche Instrumente große Gefahren in sich, zumal wenn man sie zu kriegerischen Zwecken benutze. Aras gab ihm Recht und fügte hinzu, daß Kriegsstopara absolut nicht geeignet seien, um das Goldene Zeitalter einzuleiten. Damit war der Weg für sein Hauptanliegen geebnet. Aras erklärte ihm sodann den Plan der „αστρα του Κρονου" sowie dessen Bedeutung für die Welt und bekannte ein, daß sie mit der Technik dieses Unternehmens nicht so zurechtkämen und sich deshalb an ihn um Hilfe wandten. Naschtariarauw hörte Aras' Ausführungen verblüfft zu und gratulierte ihm zu seinem neu entdeckten Idealismus, fügte aber hinzu, daß dieser Idealismus mit seinen vergangenen Taten nicht übereinstimme. Er erinnerte ihn an den „Narthex des Jammers" (Jammerstab), den er Darius hatte zukommen lassen sowie an die Verseuchung der Brunnen und Flüsse. Solche Taten würden ihn nicht bei den Göttern beliebt machen und sie hätten dem Kynros bereits nicht wiedergutzumachenden Schaden zugefügt. Aras replizierte, daß das „Feuer der Neith" (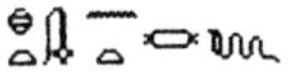 , ḫiat Nayt) Seth zerstören würde. Naschtariarauw warnte ihn, daß es ihn selbst am ehesten treffen würde. Aras entgegnete, er habe keine Angst, die Welt befinde sich in einem Krieg gegen Seth und man könne ihn durch das „Diadem des Löwen" (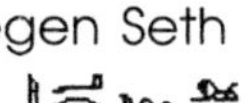) – äg.: o^{c}rat arauw, στοιχεια besiegen. Naschtariarauw war hellseherisch begabt und sah, daß Aras hinsichtlich des „Feuers der Neith" in Gefahr schwebte. Dennoch bemerkte er, daß Aras es mit dem „Krieg gegen Seth" absolut ernst meinte und dachte, man könnte Aras durch diese Aktivitäten vielleicht erheblich läutern. Er willigte ein und erklärte Aras, wie man mit dem „Diadem des Löwen" umgehe.

Qoros darf nicht auf die Lehre eingehen, die Naschtariarauw Aras anvertraute, weist jedoch auf eine Stelle im ägyptischen Totenbuch hin und kommentiert sie mit dem Spruch 71,15, der sich auf die Geomantik bezieht:

„Sobek steht in der Mitte seines Hügels: Neith steht in der Mitte ihres Ufers". Der „Hügel" des Sobek stellt einen Geatauros, das „Ufer der Neith" das „Feuer der Neith" dar. Man beachte, daß in dem Wort „wadabauw" (), das „Ufer" heißt, die beinahe gleichlautenden Wörter (wadab/watab  und adab/atab 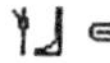) stecken, die jeweils „wenden" und „Tuch" bedeuten. Das „Tuch" (adab, ) steht in diesem Zusammenhang auch für „taraya"  , die als Schutz in die Nähe des Königsdiadems rückt. Wenn – so Qoros – Sobek in Berührung mit dem „Ufer der Neith" kommt, dann passiert durch 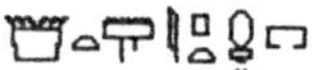 „taraya(t) opa", das „Feuern der Kammer", das, was die Ägypter „aura tokur", das „Machen der Flamme (Fackel) oder „aura Sabakauw", das „Machen des Sobek", nennen. Er wird gleichsam zu Sobek-Re.

Vier Tage lang wurden Aras, Auprassos, Aupoas und Alexander von Naschtariarauw in die Kunst der „Saraqura" (ιερον πυρ), das „heilige Feuer", eingeweiht. Als Raton sich bei Naschtariarauw über den Unterricht, den er erteilte, beschwerte, tadelte er sie mit der Warnung, daß sie, wenn sie nicht aufpasse und weitere Einwände erhebe, durch ihre zunehmende Negativität Gefahr laufe, vom Feuer, das entfesselt werden solle, verzehrt zu werden. Nachdem der Unterricht beendet war, verabschiedete er sich von seinen Schülern.

Aras erwies sich von all denen, die bereits eine Kraft-Erhöhung erfahren hatten, als der begabteste und an ihm fand Naschtariarauw besonderen Gefallen. Bevor er endgültig nach Makedonien absegelte, warnte er Aras wiederholt vor Verbrennungen durch das Feuer. Naschtariarauw sollte weder seine Lehrlinge wiedersehen, noch jemals vom Schicksal erfahren, das sie durch das Entfesseln des Feuers des Kronos herausfordern würden.

Während Alexander noch in Akko weilte, gab er Astoras die Herstellung von sechs neuen „gila" in Auftrag. Ursprünglich wollte er abwarten, bis sie angefertigt waren, und dann mit der Armee in Richtung Ägypten ziehen. Aber in Akko geschah etwas, das seine Pläne änderte. Astoras trug Aras noch immer die Demütigung nach, die er ihm einst zugefügt hatte, und wollte sie ihm heimzahlen. Qoros erwähnt, er habe einen jüdischen „gilon"-Macher namens Sa^{c}ar, ersucht, bei Aras einzubrechen und ihm den Taura zu stehlen. Es gelang Sa^{c}ar, eines Nachts den Wächter zu bestechen und den Taura zu entwenden. Der Raub dieses Gerätes war eine ernste Sache, denn es war ein Fänger für eine hochgradige Energie, die die Makedonen φηκια (bikia) nannten, und die mit dem Gott Teschub in Verbindung gebracht wurde. Alexander beschloß, es zurückzubekommen, bevor etwas Schlimmes passiere. Sa^{c}ar floh mit einem Kontingent von 340 Mann, das Astoras ihm zum Schutz geschickt hatte in Richtung Kinnereth-See. Mit der Hilfe der mantischen Künste des Auprassos vermochte man, Sa^{c}ar und den Taura in der Nähe des Kinnereth-Sees hermetisch zu lokalisieren.

Vier Tage nach dem Raub verließ Alexander mit seinem Heer Akko; mit dem frühzeitigen Auszug aus der Stadt beabsichtigte er, nicht nur den Taura zu holen, sondern auch die umliegende Gegend, d. h. Galiläa und Samaria, unter seine Herrschaft zu bringen, sowie die Geatauri, die sich in diesen Gegenden befanden, auszugleichen. Alexander holte Sa^{c}ar und sein Geleit beim Berg Tabor ein und war dabei, diese in seine Gewalt zu bringen, als noch etwas geschah, das dem Verlauf der Ereignisse wieder eine neue Wendung geben sollte.

Auf Betreiben des Astoras brach Sanaballetes, der Satrap von Samaria, mit 2.400 Mann von Sichem auf, um Sa^{c}ar zu Hilfe zu kommen. Sanaballetes war nicht nur ein loyaler Vasall des Großkönigs, sondern brannte darauf, sich mit Alexander anzulegen. Er hatte auch guten Grund, zuversichtlich zu sein, verfügte er doch über zwei Stopara, in die er großes Vertrauen setzte, sowie über die kanaanäischen Bogenschützen, die einst Alexander bei Issos gedient hatten.

Die beiden Heere lagerten ungefähr 25 km voneinander entfernt – Alexander bei Madon, Sanaballetes nahe Sunem. Sanaballetes schaffte es als erster, Kontakt mit Sa^{c}ar aufzunehmen. Der Satrap übernahm den Taura, und Sa^{c}ar floh nach Süden in Richtung Taanach. Sanaballetes zog sodann mit seinem Heer an einen Ort in der Nähe von Bethlehem (Asad), um dort auf Alexander zu warten. Als Alexander erfuhr, was geschehen war, schickte er Staras mit der Armee in Richtung Bethlehem. Dort sollte Staras Position beziehen und Sanabelletes' Truppen beobachten. Alexander selbst blieb mit Aras und Auprassos zurück, um Geatauri in der Gegend zu harmonisieren. Alexander mag wohl die Lage unterschätzt haben, aber er betrachtete es als seine Aufgabe, στοιχεια an geomantischen Stellen vorzunehmen, wo auch immer sie auftauchten. Diese Sonder-Operationen sollten jedoch vor der Armee geheimgehalten werden. Alexander verbrachte zusammen mit Aras und Auprassos drei Tage in der Gegend um den Kinnereth-See. Dort glichen sie drei Geatauri aus und untersuchten drei Feuer-Tiaren. Am dritten Tag arbeiteten sie gerade an einem Geatauros am südlichen Ende des Sees, als sie die Nachricht ereilte, daß Sanaballetes in der vorigen Nacht einen Überfall auf das Lager durchgeführt hatte. Die Armee erlitt hohe Verluste; beinahe 700 Tote und Verletzte hatten die Makedonen zu beklagen. Ironischerweise waren es die kanaanäischen Bogenschützen, die ערף, die Alexander einst gegen Darius eingesetzt hatte, welche nun in jener Nacht seine eigenen Truppen überfielen. Die Armee zog sich am nächsten Tag in die Nähe von Gath Hepher zurück, wo Alexander sich mit ihr wieder vereinte. Sanaballetes, berauscht von seinem Sieg, rückte mit seinem Heer ungefähr 13 km nördlich von Endor vor und bezog dort Position. An dem Ort, an dem Sanaballetes beschloß, Alexander zum Kampf zu stellen, lagen zwei Diagonal-Gitter, welche Sanaballetes selbst begünstigten und sich für Alexander ungünstig auswirkten. Alexander wußte von den Geatauri, aber in seinem Eifer, es Sanaballetes für seinen heimtückischen Überfall heimzuzahlen, unterließ er es, diese Diagonal-Gitter ernstzunehmen. Aras, Auprassos und Aristokles rieten ihm davon ab, dort zu kämpfen, aber Alexander, erzürnt über die Niederlage, setzte sich über ihre Einwände hinweg und beschloß, Sanaballetes dort eine Schlacht zu liefern. Alexander ging nicht blindlings in die Schlacht, es lagen vielmehr einige komplizierte „hermetische" Kalkulationen vor, die teilweise trotz gewisser Widrigkeiten gelingen sollten. Ungeachtet des erheblichen Nachteils der Geatauri sowie der Tatsache, daß Sanaballetes über Stopara verfügte, glaubte Alexander Sanaballetes durch die Aretê-Kraft seiner Person und seiner Armee schlagen zu können. Die Vorteilsspanne an Arete-Kraft gegenüber der Sanaballetes und seines Heeres betrug 25%. Aras, Auprassos und Aristokles waren jedoch der Meinung, diese Spanne genüge nicht; man bräuchte eine von 36%. Alexander glaubte, über die fehlenden Prozente bereits zu verfügen, bezeichnete sie als „vasa" oder Χαρις, die „Gunst der Götter" und war bereit, alles auf diese „vasa" zu setzen. Die „Gunst der Götter", in die Alexander so viel Vertrauen setzte, hieß „Timokrates". Diesem gegenüber waren Aras und Aristokles eher skeptisch, doch Alexander war überzeugt, daß ein Sieg mit dessen Hilfe gelingen würde.

Drei Tage nach dem unseligen Überfall tauchte Timokrates im Lager des Sanaballetes nahe Bethlehem auf. Er gab sich als griechischer Rhabdos-Spezialist aus Athen aus, der vor kurzem in Joppa an Land gegangen und auf dem Weg nach Sousa über Damaskus war, in der Hoffnung, in den Dienst des Großkönigs treten zu können. Sanaballetes erklärte ihm, daß er gerade dabei sei, Alexander, dem König der Makedonen, eine Schlacht zu liefern, und ob er ihm helfen würde, seine Stopara auf den letzten Stand zu bringen. Da Timokrates als Athener für die Makedonen nicht viel übrig hatte, sagte er ihm seine Mitarbeit zu. Am nächsten Tag begleitete er Sanaballetes' Heer zum vorgesehenen Kampfplatz. Während dieser Zeit erwies er sich als noch kompetenter als

Sanaballetes' Männer, sodaß er die Instandhaltung der Stopara überwachen durfte. Zwei Tage vor der Schlacht überprüfte er die Stopara zum letzten Mal. Was der Aufmerksamkeit der Samariter entging, war die Tatsache, daß, anstatt bei der Überprüfung die Stopara zu stärken, Timokrates sie abschwächte. Am Tag vor der Schlacht verschwand er auf mysteriöse Weise.

Am Tag der Schlacht sahen sich Alexander und seine Armee in der Nähe von Endor den Samaritern gegenüber. Seine Standartenträger waren Aristokles und Ausas. Als erste schossen die Skythen ihre Pfeile ab. Drei Salven wurden abgegeben, welche die samaritischen bzw. kanaanäischen Bogenschützen so lange lahmlegten, bis Alexander mit seinem Angriff beginnen konnte. Auf ein Signal hin rückten Alexander und die Makedonen langsam vor. Dann wurden beiderseits Stopara eingesetzt. Alexanders Stopara „feuerten" wie erwartet und wirkten zerschlagend auf die Samariter. Die samaritischen hingegen funktionierten zu deren großer Bestürzung nur mit stark verminderter Kraft. Dann geschah ein „Paralogos", der den Verlauf der Schlacht entscheidend ändern sollte. Alexander wurde von einem Pfeil getroffen und stürzte von seinem Pferd zu Boden. Der Pfeil schlug in die linke Schulter nahe dem Hals ein und verletzte ihn ernsthaft. Aristokles, Stratorestqos und Ausas eilten ihm sofort zu Hilfe und brachten ihn hinter der Linie in Sicherheit. Der Effekt auf die Makedonen war beinahe verheerend. Sanaballetes sah, was passierte, und befahl sofort einen Gegenangriff. Die Samariter stürzten sich auf die Makedonen und überrannten ihre linke Flanke. Staras, der nun das Kommando führte, befürchtete, daß die Armee von Alexander und dem Lager abgeschnitten würde und befahl eine „sata earas", einen Verteidigungskampf in Richtung Lager. Dann durchbrach er zusammen mit 340 Reitern die sie umzingelnde samaritische Linie und eilte zu Alexander zurück, um ihn zu schützen. Qrateros führte die „sata earas", bis ungefähr 340 m vor dem Lager aus, dann blieb das Heer stehen. Auf den Befehl des Qrateros stürmten plötzlich die Makedonen auf die desorganisiert angreifenden Samariter los und schlugen sie in die Flucht. Im Grund genommen war das eine Niederlage für beide

Feldherrn, obwohl die Makedonen es nie als solche anerkannt hätten, denn für sie war es ein Sieg. Sanaballetes zog sich mit dem Rest seines Heeres in eine Stadt names Asad, in der Nähe von Bethlehem zurück, und wagte nie wieder eine Auseinandersetzung mit Alexander.

Im Lager wurde Alexander von Aras, Auprassos und einem Arzt namens Autas betreut. Qoros berichtet, daß Aras über die Wunde mit einer ägyptischen „warat ḥikurauw" (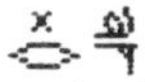) fuhr, welche Naschtariarauw ihm gegeben hatte. Dieses Instrument enthielt Energien, welche mit dem Gott Teschub und der Göttin Anahita assoziiert wurden. Die „warat ḥikurauw" vermochte nach einigen Sekunden die Wunde vollkommen zu schließen und zu heilen. Die einzige Folge dieser Verletzung, die übrig blieb, war eine leichte Neigung des Nackens seitlich nach hinten, die in späteren Porträts deutlich zu sehen war.

Alexander war noch immer um den Taura besorgt und wollte nicht, daß dieses Instrument in fremden Händen bliebe. Gleichzeitig war er über den Erfolg des „Timokrates" erfreut, denn Sanaballetes' Stopara sich während der Schlacht als praktisch nutzlos erwiesen hatten. Deshalb gedachte er Timokrates noch einmal einzusetzen, um den Taura unschädlich zu machen. Diesmal hatten Aras und Aristokles keine Einwände. Dieser „Timokrates" war das, was die Ägypter eine „ẖayeba", und die Griechen ein „ειδωλον" nannten – ein Schattenwesen. Aristokles war es, der über dieses Wesen verfügte. Obwohl er schon lange von der Existenz dieses von ihm erschaffenen Wesens gewußt hatte, hatte er bis jetzt nie davon Gebrauch gemacht. Da er gesehen hatte, daß die Aktion mit Sanaballetes' Stopara erfolgreich verlaufen war, beschloß er, seinen Doppelgänger noch einmal einzusetzen, diesmal, um den Taura zu vernichten.

Timokrates, der nach wie vor über einen grobstofflichen Körper verfügte, tauchte noch einmal in Sanaballetes' Lager auf und ging in den Isis-Tempel, um sich eine bestimmte Kraft von einer geomantischen Stella im Tempel zunutze zu machen. Eine seltsame Fügung des Schicksals wollte es, daß sich eine junge Tempelpriesterin namens Ausata, die ihn schon vor der Schlacht beobachtet hatte, in ihn verliebte. In der Nacht, als Timokrates sich auf seine Aufgabe vorbereitete, kam sie zu ihm und erhielt eine Abfuhr. Gekränkt ging sie weinend zu ihrem Schlafplatz zurück. Timokrates änderte seine Frequenz und zeigte ihr, wer er in Wahrheit ist, nämlich der Schatten eines anderen. Als Priesterin, die in solchen Dingen geübt war, konnte sie ihn in diesem Zustand wahrnehmen; er ließ sie wissen, daß er ein Schatten ist, und eine bestimmte Aufgabe zu erfüllen hat. Daraufhin wurde sie wütend und griff nach einer ägyptischen „warat ḥikurauw", um ihm einen Krafthieb zu versetzen. Er kam ihr aber zuvor und verpaßte ihr einen noch stärkeren Schlag, der sie bewußtlos zu Boden sinken ließ. Dann huschte er, noch als Schatten, in ein Gebäude, das neben dem Tempel stand, und suchte die Räumlichkeiten nach dem Taura ab. In einer der Kammern weilte der Bruder des Hohenpriesters von Jerusalem, der mit der Tochter des Sanaballetes verheiratet war. Dieser bemerkte, daß etwas nicht in Ordnung war, und verfolgte das sonderbare Phantom in den letzten Raum, worin sich der Taura befand. Als er sich ihm gegenüber sah, richtete er seinen ת ק ע א auf das Schattenwesen und löste es damit auf, allerdings nicht bevor dieses den Taura vernichtet hatte. Ahnend, was vor sich ging, kam die Priesterin ins Gebäude herübergerannt, stürzte ins Zimmer und wollte dem Jerusalemer Priester wegen seiner Tat einen Schlag mit der „warat ḥikurauw" versetzen. Er faßte sie, schlug sie zu Boden und befahl ihr, darüber zu schweigen.

Vier Tage später unternahm die Isis-Priesterin zusammen mit einer Gefährtin eine Reise zu einer besonderen Waldlichtung nahe dem Kinnereth-See. Dort fanden sie eine „massebah", die eine bestimmte geomantische Kreuzung markierte. Die Priesterin legte einen „pu^{c}al" auf die Massebah und rief den Namen des Schattens aus, in der Hoffnung, daß dieser sich manifestiere. Es geschah nichts, und sie schwor, daß sie ihm eines Tages genug Kraft geben würde, damit er wieder erscheinen könne.

נֶדֶר יְגָּלֶה

Es mag wohl dem kundigen Leser aufgefallen sein, daß Qoros in der Episode über Palästina die Begegnung mit Jaddua, dem „Feuerhelfer", die Errichtung des Samariter-Tempels auf dem Berg Garazin sowie die Belagerung von Gaza nicht erwähnt hat. Dies ist darauf zurückzuführen, daß jene Ereignisse sich erst Jahre später nach dem Feldzug in Indien und vor dem Tod Alexanders in Babylon abspielten. Dies ist eines der ungewöhnlichsten Geheimnisse des Alexanderzuges und wird zu einem anderen Zeitpunkt erklärt werden müssen. Bei Alexanders erstem Aufenthalt in Gaza auf dem Weg nach Ägypten gab der damalige Statthalter Bagamithra dem jungen Makedonen-König sogar die Erlaubnis, den Geatauros beim Ba^{c}al-Tempel zu harmonisieren. Während seiner Herrschaft stand Bagamithra auf gutem Fuß mit Alexander. Erst nach Indien hatte Alexander Schwierigenkeiten mit einem anderen Statthalter namens Apas, der ihm den Einzug in die Stadt verweigern sollte.

Alexander marschierte die Küstenstraße entlang in Richtung Pelusion, einer ägyptischen Grenzfestung. Unterwegs führte Aras ein στοιχεια an einem Geatauros östlich von Raphia durch. Nachher trennte er sich vom Heer und ritt mit einer kleinen Schar nach Heroopolis, um dort einen besonderen „saptay" zu holen, den man für weitere στοιχισεις brauchen würde. Von Heroopolis überquerten sie auf Kamelen, welche sie in Gaza besorgt hatten, den Sinai und gelangten drei Tage vor Alexander nach Memphis. Während dieser Zeit ging Aras mit Aqai, den er wieder getroffen hatte, zum persischen Statthalter Mazakes und seinem Unterhändler Amminapes. Amminapes war früher in Akko gewesen, um mit Alexander die Übergabe Ägyptens auszuhandeln. Jetzt sollten die letzten Arrangements getroffen werden, bevor Alexander endgültig eintraf.

Am 5. Oktober zog Alexander mit seinem Heer in Memphis ein und bezog Quartier im ehemaligen Palast des Apries. Anders als in Pelusion, wo sein Einmarsch stürmisch bejubelt worden war, war sein Empfang in Memphis etwas ruhiger. Gleich am ersten Tag gingen Alexander und Aras zum Tempel der Neith, der sich nahe dem Palast befand, und statteten einer Priesterin namens Wara einen Besuch ab. Wara war eine Hohepriesterin der Neith und diente der Gottheit als Orakel-Prophetin. Der Grund für diesen Besuch galt Aras. Seit den letzten στοιχισεις in Palästina litt er zunehmend unter Energieverlust. Außerdem war er zutiefst betrübt über den Tod eines akkorischen Freundes namens Gaparas, der bei der Besorgung einer hochgradigen Energie (von einer „asa", einer Doppel-Tiara) in der Nähe des Berges Nebo ums Leben gekommen war, dessentwegen machte er der Gottheit Vorwürfe. In Palästina hatte er sogar böse Vorahnungen, daß er in Ägypten sterben würde. Er wollte sich über diese Geschehnisse etwas Klarheit verschaffen und suchte deshalb Rat bei dieser bekannten memphitischen Priesterin. Die Botschaft, die Aras von der Gottheit erhielt, war kurz und enigmatisch. Weder die Prophetin noch die anderen Priester vermochten Aras eine sinnvolle Erklärung abzugeben. Alexander verstand fast gar nichts vom Inhalt der Botschaft, und als er die vermeintliche Übersetzung hörte, bemühte er sich trotzdem, Aras aufzuheitern und ihm Mut zuzusprechen. Qoros möchte hier unsere Aufmerksamkeit auf diese Prophezeiung lenken, weil sie etwas Licht auf die αστρα του Κρονου wirft. Aras fragte die Gottheit, ob das Feuer des Seth ihn bekämpfe und ob er das Feuer besiegen würde. Die Antwort, die er erhielt, lautete:

äg. au d^{c}ea sasa – Nayt
au^{c}arat ras – sasa

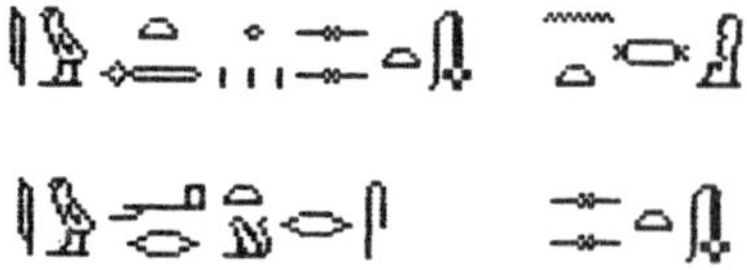

„Der Dinkel der Brennenden – Das Feuer der Neith;
der Helfer der Thermouthis (Geheimnisvollen) – Stoparon der Brennenden."

Qoros erläutert „bis zu einem gewissen Grad", daß es sich bei dem Wort „d^{c}ea" um Dinkel handelt, welcher eine Energie enthält, die mit der Göttin Thermouthis zu tun hat, „^{c}ara" (Hinterteil) weist auf einen Wasserbüffel hin, der die Energie des Gottes Amun enthält. Beide Gegenstände werden in geomantischen Verfahren benutzt. Sie werden bei geataurischen Formationen eingesetzt, um deren Energie zu stimulieren, bevor die Gegend mit einem „gilon" übergangen und in Brand gesteckt wird. Dabei werden sie geopfert. Die Prophezeiung wollte Aras in Beziehung zu diesen Objekten setzen, um ihn vor der Gefahr zu warnen, selbst geopfert zu werden. Auf Grund dieser στοιχεια hatte er sein „aretetisches" Feuer (αρετιστον) zugesetzt und viel negative Energie, also κυρος, auf sich genommen, die ihn, wenn er nicht aufpaßte, mitverbrennen könnte. Qoros möchte klar machen, daß Aras Energie zusetzte, weil er eine Tat vollbrachte, welche im Prinzip unerlaubt war. Deshalb wurde er durch den Verlust positiver Energien bestraft. So schön und edelmütig die Politik der αστρα του Κρονου gewesen sein mag, war es dennoch nicht gestattet, sich an den negativen Kräften zu vergreifen. Beide Kräfte spielen eine Rolle bei der Entwicklung und Erziehung der Menschheit und sollen daher nicht heimlich verändert werden. Es mag wohl der Tag kommen, wo solche Eingriffe möglich und erlaubt sind. Aber zur Zeit Alexanders waren solche Änderungen nicht genehmigt und forderten die Schicksalsmächte heraus, denen die Verwaltung und Erhaltung solcher Kräfte obliegen. In der Drangiane sollte dieses Problem dermaßen akut werden, daß es in einer Krise gipfelte, die zu Zerwürfnissen innerhalb des Kreises (dekanoi) und schließlich zum Mord führte.

Aras verstand die eigentliche Bedeutung der Botschaft nicht. Die Interpretation, die er sich zurechtlegte, ließ ihn am Ende Seth besiegen. Doch nagende Zweifel und Unsicherheit plagten ihn und ließen ihm keine Ruhe mehr.

Einen Tag vor seiner Krönung zum Pharao von Ägypten in Memphis schickte Alexander Halynos und den Ägypter Aqai mit einer kleinen Schar von Männern nach Siwa, um das Treffen mit Saura und Wasarauw, dem Hohenpriester des Amun-Tempels, vorzubereiten. Sie nahmen die Wüsten-Route und erreichten die Oase mit einigen Verzögerungen in sieben Tagen. Am Tag seiner

Krönung schickte er Aras nach Kanopos, um eine „θεα" (taraya) vom Tempel des Helios entgegenzunehmen. Aras sollte dann auf Alexander in Sais warten, bevor sie alle gemeinsam nach Siwa aufbrechen würden. Aras sagte, er hole die „θεα" nur, um sie eines Tages an Auprassos zu übergeben. Er deutete dabei an, daß er vielleicht nicht imstande sein würde, seine Funktion als „stoichogilon" („gilon"-Feuer) auszuüben. Alexander tat seine Bemerkung schroff ab und versicherte ihm, er sei sein „Gilon-Feuer" und obendrein der Tonos des Serapis. Daran gäbe es nichts zu ändern.

Aras segelte stromabwärts nach Rosette. Von dort aus gelangte er nach Kanopos, wo er sich mit Raton traf, die von Pelusion aus dorthin geschickt worden war, um die Übergabe der „θεα" zu arrangieren. Es gelang ihnen, sowohl vom Tempel des Re als auch vom Tempel der Isis drei „θεαι" zu bekommen. Anschließend begleiteten drei Priester sie nach Sais; unter ihnen befand sich eine junge Prophetin namens Auga, die eine äußerst schöne Graeko-Ägypterin mit kurzen dunkelblonden Haaren war. Sie wurde dem Stab des Aristokles zugeteilt und wurde später zu seiner Geliebten. Auf den Rat des Auprassos hin nahm Alexander sie in der Nähe von Aornos zu seiner Frau. Nach dem Tode Alexanders und einigen Abenteuern beschloß sie, bei Aristokles zu bleiben und mit ihm nach Makedonien zurückzukehren.

Kurz nach seiner Krönung brach Alexander zur sagenumwobenen Reise nach Siwa auf. Auf dem Weg nach Sais wurden drei Stoicheia durchgeführt. Die erste befand sich an einer Stelle bei Gizeh, wo Auprassos einen Geatauros und eine Tiara ausglich. Die zweite fand in Letopolis statt und die dritte erfolgte nahe einer Stelle, an der sich der Nil teilt – ein Arm Richtung Damiette, der andere nach Rosette.

Alexander gelangte nach Sais und traf sich mit Aras wieder, der ihm die Theai übergab, welche dann Auga zur Aufbewahrung überlassen wurden. Die Expedition blieb fünf Tage in Sais und traf die letzten Vorkehrungen für die Reise nach Siwa. Während dieses

Aufenthaltes wurden zwei Stoicheia durchgeführt, wobei es allerdings zu einem Zwischenfall kam, der Raton das Leben kostete.

Seit langem fühlte sich Raton von Alexander und seinem Kreis übergangen. Sie bemerkte, wie ihr eigener Einfluß zunehmend durch Aras in den Schatten gestellt wurde, und dies nahm sie ihm übel. Sie war mit der Richtung unzufrieden, die der Feldzug eingeschlagen hatte und mißbilligte den Taura, der so viele Leben ausgelöscht hatte. Um über ihre Schwierigkeiten und Enttäuschungen hinwegzukommen, nahm sie öfters Zuflucht in den Genuß von Haschisch, das sie in Akko kennengelernt hatte. Dies hatte ihren Energiegehalt noch mehr geschädigt. Die größte Kränkung geschah erst in Kanopos, als sie zum ersten Mal über die αστρα του Κρονου von ihrem ärgsten Feind Aras erfuhr. In Sais beschwerte sie sich bei Alexander über die geringe Achtung, die ihr widerfuhr, und sagte, sie wolle künftig bei den Stoicheia dabei sein. Nach langem Hin und Her willigte Alexander ein und teilte ihr einen Geatauros südlich der Stadt zu. Als sie aber erfuhr, daß das „qoppa" (Kombination: Geatauros, Feuer-Tiara und Tiara) im Tempel der Neith Aras vorbehalten war, kannte ihr Zorn keine Grenzen mehr. Sie beschloß, nicht nur das Qoppa vorzunehmen, sondern auch Aras dabei umzubringen. Sie wußte durch Stratorestqos, der ihr zugetan war, daß Aras die Ausgleichung des „qoppa" oblag, weil er zu viel κυρος-Energie wegen seiner Krankheit zugezogen hatte. Die besondere Formation des „qoppa" erfordert den Einsatz eines κυραστος (κυρος-betonter Person), weil die negative Energie (κυρος), welche einem „aretistos" von der Tiara zufließt, diesen sonst verbrennen würde, als würde er vom Sobek selbst gepackt und verzehrt. Raton beschloß, den Geatauros zu positivieren in der Hoffnung, daß, wenn „κυραστος"-Aras diese geänderte Stelle beträte, es nicht mehr die Krokodile wären, sondern die Pfeile der Neith, die ihn erlegen würden.

Raton wollte das Verfahren zunächst einmal ausprobieren. Deshalb begab sie sich in den Tempel des Sobek, in dem die zweite Stoicheia stattfinden sollte, um diese dann in Angriff zu nehmen. Als sie hereinkam, sah sie, daß drei von Auprassos' Assistenten bereits da waren. Die „Stoicheia" selbst, die Pflöcke, waren bereits aufgestellt, und die Assistenten waren gerade dabei, die letzten Vorbereitungen für die morgige Operation zu treffen. Raton ging selbstsicher auf sie zu, nahm die θεα und den „saptay"[3] an sich und wollte den Geatauros betreten, als die Assistenten plötzlich laut protestierten. Raton brachte sie zum Schweigen und sagte, sie würde selbst die Ausgleichung machen. Dann betrat sie den Geatauros und führte das Verfahren aus. Während sie dies tat, kam plötzlich Auprassos in den Tempel, um die θεα einem seiner Assistenten zur Aufbewahrung zu geben. Er wartete, bis Raton fertig war. Dann sprach er sie an und verlangte von ihr eine Erklärung. Raton erwiderte, daß Auprassos ein Diener des Serapis sei, und da es ihm gestattet ist, Alexander bei seiner Aufgabe zu helfen, habe er nun Raton selbst sein Können zu verdanken, die ihn einst ausbildete. Sie erinnerte ihn an Gaparas, der in Palästina durch das „Feuer" verbrannt worden war, und daß es nur eine glückliche Schicksalsfügung sei, wenn er selbst nicht endete wie Gaparas. Sie fügte noch hinzu, wenn das so weiterginge, würden sie alle wegen der Tätigkeiten gegen Stearas verbrennen. Auprassos hatte ihr nichts zu entgegnen. Raton drehte sich um und ging weg.

Am nächsten Tag betrat Raton den Tempel der Neith, um an dem Geatauros eine στοιχισις vorzunehmen, die Aras selbst am folgenden Tag machen würde. Sie bereitete sich vor und wollte gerade den Geatauros betreten, als plötzlich Auprassos ohne Begleitung hereinplatzte. Es kam zu einer heftigen Auseinandersetzung zwischen den beiden. Auprassos warnte sie, daß sie gleich, wenn sie den Geatauros beträte, verbrennen würde. Raton wollte nichts davon wissen. Plötzlich lief sie zur markierten Diagonal-Linie an der Tiara, berührte diese mit dem „saptay" und richtete ihn dann auf Auprassos, um ihm einen Schlag zu versetzen. Auprassos fing den Energiehieb mit der θεα ab, die er in der Hand hielt, und

3 Das ägyptische Wort „saptay" (sjptj – 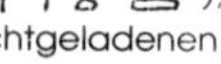), das normalerweise „Revision" bedeutet, bezeichnet unsere Quelle als einen machtgeladenen Stab, der u. a. für geomantische Zwecke benutzt wurde.

strahlte ihn auf sie zurück. Raton, voll getroffen, taumelte zurück, fiel auf den Geatauros und verbrannte durch die Energie, die von der Tiara freigesetzt wurde. Obwohl Raton von der Sasa, der Brennenden, wußte, unterließ sie es, die notwendigen Vorkehrungen zu treffen, um sich vor dem „Krokodil" zu schützen, und bezahlte dafür mit dem Leben.

Raton wurde am Tag von Alexanders Abmarsch nach Siwa beigesetzt. Drei Leute wohnten ihrem Begräbnis bei: Auprassos, Stratorestqos und Aras. Das Gelände, auf dem sie ruhte, war karg. Hie und da sah man einige Stelen, von denen die meisten bereits in schlechtem Zustand waren. Das einzige, was ihr Grab von den anderen unterschied, war ein Bienenkorb, der einige Zentimeter von ihrer letzten Ruhestätte entfernt stand. Eine kleine Stele wurde ihr errichtet, worauf Raton als τηι θεαι της Αρτεμιδος bezeichnet wurde, die „Thea" oder Streiterin der Artemis. Denn sie war eine der ersten, die den Weg für die artemisische Bewegung ebneten, die sich nun in der Welt ausbreitete. In mancher Hinsicht konnte man sie als die Urheberin der Alexander-Idee ansehen.

Am Tag nach Ratons Tod führte Aras die Änderung am Geatauros im Tempel der Neith durch. Wieder einmal litt Aras unter starkem Energieverlust und mußte ärztlich versorgt werden. Man ließ drei Instrumente, die die Ägypter „warat ḥikurauw" nannten, über ihn fahren. Diese führten ihm Energie zu und halfen ihm, wieder zu Kräften zu kommen. Alexander war jedoch um seinen Zustand dermaßen besorgt, daß er ihm verbot, weitere „Stoicheia" durchzuführen.

Qoros berichtet, daß Staras während des Aufenthaltes in Sais eine Entdeckung machte, die später Einfluß auf eine Geldreform ausüben sollte, die Alexander unternehmen wollte. Staras beobachtete im Tempel der Isis, wie Priester mit der „warat ḥikurauw" über Gold-Dareiken fuhren, um, wie sei sagten, diesen das „Feuer" () zu entnehmen. Die damit gewonnene Energie eignete sich besonders gut zur Durchführung magischer Riten. Staras hörte interessiert zu und berichtete später gegenüber Alexander, Aras und Auprassos von diesem sonderbaren Verfahren. Was Alexander an dieser Methode störte, war die Entnahme des „Feuers" aus dem Gold. Er war der Meinung, dies sei ein Verstoß gegen die Natur, und sagte, man solle lieber den „Stearas" (Souchos, den Nutznießer dieses Verfahrens) „feuern". Aras vertrat die Ansicht, daß man ohne weiteres den Spieß gegen Stearas umdrehen könnte, indem man Münzen, besonders Kupfermünzen, die als Energieleiter betrachtet wurden, in den Kynros gab und sie dabei positiv mit dem Feuer des Kronos (Dionysos) energetisierte. Statt einen κυρασμος durchzuführen, so wie jene Priester es im Neith-Tempel getan hatten, könnte man einen αρετισμος an den Gegenständen des Stearas vornehmen. Er erklärte, man habe vor Jahren das gleiche in Akko getan, und schwor darauf, dies habe zu einer bemerkenswerten ethischen Verbesserung in der Bevölkerung beigetragen. Statt des πυρ της σφαιρας (Feuer des Stearas), d. h. der allgemeinen Energiequalität, die im Geldprinzip steckt, bekäme man das positive πυρ του Κρονου (Feuer des Kronos) zu spüren, das die Gier vermindert und zu positiven Handlungen anregt. Um diesen Gedanken besser zu begreifen, solle man versuchen, in dem Feuer des Kronos bzw. Dionysos eine Kraft zu sehen, die die Tugend (αρετη – Feuer der Tugend) sowie die Euergesia (Wohltat) unter den Menschen fördere.

Von Sais brach Alexander mit einem Gefolge von 500 Leuten zu seiner Reise nach Siwa auf. Auf der Küstenstrecke gelangten sie nach Westen bis Paraitonion, dem heutigen Marsā Maṭrūḥ. Unterwegs wurden auf dieser Strecke keine „Stoicheia" durchgeführt, wie Qoros berichtet. Von Paraitonion aus marschierten sie über eine unheimliche Wüstenstrecke in südwestlicher Richtung nach Siwa. Der Weg zur Oase ist an und für sich öde und wasserlos. Doch Alexander verfügte über viel Wasser. Hier zitiert Qoros Arrian, der berichtete:

υδωρ δε εξ ουρανου πολυ Αλεξανδρωι
εγενετο, και τουτο ες το θειον ανηνεχθη.

„Alexander hatte viel Regen, und dies wurde auf das Göttliche zurückgeführt". Dazu möchte Qoros auf die „δυο δρακοντες" (zwei Schlangen) hinweisen, welche Ptolemaios erwähnte. Über weitere Informationen schweigt er.

Der Zug hielt sich weitgehend an eine Karawanenroute, die heute Masrab al-Isṭabl genannt wird. Gelegentlich aber verließ Alexander zusammen mit Auprassos und Aras den Zug und ritt in die Wüste hinaus. Qoros erzählt, daß es sich bei diesen Ausflügen jedes Mal um kleine Forschungsreisen und Stoicheia-Ausgleichungen handelte. Insgesamt wurden fünf Stoicheia an Geatauri auf dem Weg nach Siwa unternommen. Während dieser Ausritte übernahm Ṣtaras das Kommando. Ungefähr vier Kilometer von der Oase entfernt, trafen Alexander und sein Gefolge auf Halynos, der seit vier Wochen mit zwei seiner Assistenten die Ankunft der Expedition erwartet hatte. Sie lösten sich gelegentlich bei der Wache ab. An diesem Tag war allerdings Halynos da, der keine Zeit verlor, Alexander alles zu berichten, was mittlerweile passiert war. Die Nachrichten, die er ihm überbrachte, waren weit davon entfernt, erfreulich zu sein. Halynos erzählte, daß drei Agenten von Astoras in Akko bereits da waren, als er in Siwa ankam. Sie waren beauftragt, die θεα zu erwerben und nach Akko zu bringen, wobei sie Wasarauw, dem Hohenpriester, zwei Talente als Anzahlung dafür boten, und wenn er darauf einwilligte, bekäme er noch zwei Talente von Astoras. Saura, der die „Thea" im Tempel aufbewahren ließ, nachdem er von Tyros geflüchtet war, protestierte vehement. Er sagte, daß Alexander als Herakles das Recht habe, die „Thea" zu besitzen. Wasarauw, der zum Verkauf geneigt war, setzte sich über Sauras Proteste hinweg und stellte Saura mehr oder weniger unter Hausarrest. Halynos, der die „Thea" auf diese Art und Weise nicht preisgeben wollte, bot Wasarauw zwei Talente und stellte mehr in Aussicht, wenn Alexander persönlich käme. Wasarauw, der Alexander gegenüber im allgemeinen nicht freundlich gesonnen war, da er ihn als „Zerstörer" betrachtete, entschied sich, die „Thea" an die akkorischen Agenten zu verkaufen. Um das Geschäft abzuschließen, mußten sie auf den Rest des Geldes warten, der nun jeden Tag per Kurier aus Akko eintreffen sollte. Mit der Ankunft Alexanders beschloß der Hohepriester, die Agenten samt „Thea" eine Weile verschwinden zu lassen. Er schaffte sie unter Bewachung nach dem heutigen Ayn Qurayschat. Dort sollten sie bleiben, bis das Geld einlangte und Alexander hoffentlich bald abreiste. Halynos wußte bereits, daß die Agenten von Siwa in Richtung Gebel al-Mawta weggeritten waren, wußte aber nicht, daß sie die Thea bei sich hatten. Tatsächlich hatte Halynos keine Ahnung vom Verkauf der Thea an die Akkorisier. Der Hohepriester ließ ihn einfach in der Schwebe und ging so weit, ihm über den Erfolg seines Angebotes Hoffnungen zu machen. Tatsächlich sollte Siwa ein Wespennest für Intrigen und kleine Täuschungsmanöver gewesen sein. Alexander und sein Kreis hatten ihre geheimen Privatgründe, nach Siwa zu kommen. Der offizielle Grund – so wie er von den anderen antiken Historikern teilweise kolportiert wurde – war, einen göttlichen Vater für Alexander zu finden und Alexander selbst vom Verdacht reinzuwaschen, Philipp ermordet zu haben – Zweifel, welche von vielen immer noch gehegt wurden.

Als Alexander in Siwa ankam, ließ er einen Teil seines Gefolges nördlich der Stadt das Lager errichten. Mit dem Rest seiner Mannschaft ritt er in Richtung Ammoneion. Vorher aber sorgte er dafür, daß ein Wachposten 6,5 km von der Stadt entfernt auf dem Weg nach Paraitonion aufgestellt wurde, um das Entkommen der drei Agenten zu verhindern. Die kleine Reiterschar bahnte sich einen Weg durch eine lärmende Menschenmenge, die gekommen war, um Alexander zu begrüßen. Beim Tempel angelangt, wurden Alexander und seine Gefolgschaft von Wasarauw selbst und den anderen Priestern des Tempels empfangen. Alexander saß von Boukephalas ab und ging zum Hohenpriester. Er wurde von Aras begleitet, der als Dolmetscher fungierte. Wasarauw redete Alexander mit den Worten an: „a si-amun". Aras übersetzte die Anrede mit: ω παι Διος – „O Sohn des Zeus". Es war kein Sprachfehler. Die meisten hörten die Anrede und staunten darüber – einschließlich Kallisthenes. Allerdings war Halynos wieder am Werk. Um vom wahren Grund der Reise abzulenken, hatte er Wasarauw gebeten, einen Hinweis auf Alexanders Göttlichkeit zu machen. Er unterstützte seine Bitte mit 46 persischen Silbermünzen und wurde nicht enttäuscht, denn die Anrede hatte ihre Wirkung nicht verfehlt. Der Hohepriester hieß Alexander und seine Begleiter willkommen und sagte, Alexander würde über Seth siegen. Er pries seinen Sieg über die Tyrer als ein Zeichen der Gunst der Neith und bat ihn schließlich, Fragen an das Orakel zu richten. Auf ein Zeichen des Hohenpriesters wurde das Orakel von drei Priestern hinausgetragen. Man sah, wie ein ziemlich großer Holzrahmen (1,3 m) vorne an der rechten Seite des Tempeleingangs aufgestellt wurde. Am oberen Balken des Rahmens wurde eine Art Pendel aufgehängt. Zu beiden Seiten des Orakels stand je ein Priester. Die Ägypter nannten es „ara3tuh" (Mund des Pendels); die Männer Alexanders bezeichneten es als εμβουλειον της Αστραιας (Wille der Sternenjungfrau). Alexander und seine Männer wurden gebeten, sich am Brunnen zu reinigen, bevor sie das Orakel befragten. Nachher versammelten sie sich vor dem Pendel, das eigentlich nur auf einfache Ja- oder Nein-Antwort ausgerichtet war. Alexander hatte zwei Fragen und war bereit, sie mündlich zu stellen, als ein Diener des Hohenpriesters zu ihm kam und sagte, da er König sei, dürfe er seine Fragen persönlich an Amun selbst im Tempel richten. Alexander bat Jollas (der auch in die Sache eingeweiht war), öffentlich der Gottheit seine Fragen zu stellen, und folgte dann dem Diener zusammen mit Aras und Halynos in den Tempel hinein.

Jollas fragte zuerst, ob Alexander vor Amun seine Ehrenpflicht (ποινα) seinem Vater gegenüber erfüllt hätte, indem er den Tod des Vaters rächte. Das Pendel schlug nach rechts aus, antwortete also mit „Ja". Die zweite Frage lautete – ob Philipp nun Alexanders Vater gewesen sei. Das Pendel schlug nach links aus – „Nein". Die letzte Frage sorgte für besondere Aufregung unter den Begleitern, denn sie legte förmlich das Fundament zu Alexanders Anspruch, der Sohn Amuns zu sein. Qoros möchte auf eine sehr wichtige Tatsache hinweisen. Das Pendel beantwortete beide Fragen richtig. Philipp war nicht sein Vater, und Alexander hat sich an Philipp gerächt, der für den Tod seines Vaters verantwortlich war. Alexanders echter Vater war ein skythischer Fürst, der aus einer Gegend um die heutigen Ortschaften von Sejatschi und Neweski in der Nähe der Donau stammte. Der skythische Fürst, dessen Namen Qoros vorenthalten möchte, weilte sechs Monate am makedonischen Hof. Da Philipps Kriege ihn öfters von zu Hause fort führten, suchte Olympias, Alexanders Mutter, häufig Trost bei dem skythischen Fürsten. Er liebte sie aufrichtig, und sie begehrte ihn heftig, wie es Olympias' Natur entsprach. Alexander war das Produkt dieser Liebschaft. Philipp war außer sich vor Wut, als er davon erfuhr, erkannte aber das Kind als seinen Sohn an, da er vor seinen Untertanen nicht als „Gehörnter" dastehen wollte. Philipp rächte sich an dem Fürsten, der nie erfuhr, daß Philipps Sohn eigentlich seiner war. Da der Fürst ein Verbündeter Philipps war, nahm er häufig an seinen Kriegen teil. Bei einer Schlacht schickte ihn Philipp auf ein Himmelfahrtskommando, wohl wissend, daß dieser nie lebend zurückkommen würde. Der Fürst kam tatsächlich dabei ums Leben, und Philipp machte sich an seinem Tod schuldig. Alexander hegte zwar den Verdacht, daß man ihm etwas hinsichtlich seiner Geburt verheimlichte, wußte allerdings nichts über seine wahre Herkunft. Diese hatte er eben erst in Siwa erfahren. Raton war die einzige, die von Alexanders Herkunft wußte, und, um seinen Kummer zu lindern, erzählte sie Alexander, sein wahrer Vater sei „διος", ein vergotteter Mensch. Sie war auch einer von den Menschen, die Alexanders Vorliebe für die Skythen förderten. Alexander pflegte Kontakte zu den Skythen und betrachtete sich als einer von ihnen. Er sprach sogar fließend skythisch und wollte sie in sein künftiges, apountisches Reich einbeziehen, in dem sie eines Tages eine wesentliche Rolle spielen sollten. Als Philipp von Tasaras und seinem Arzt, die im persischen Sold standen, ermordet wurde, war Alexander ebenfalls in die Affäre verwickelt. Man kann sagen, Alexander hat sich am Tod seines Vaters gerächt. Den Makedonen gegenüber hat Alexander nie die Wahrheit über seine Herkunft enthüllt, einigen Nicht-Makedonen aber offenbarte er schon seine wahre Identität. Dies sorgte später für erhebliche Probleme, als er von Indien zurückkehrte – besonders in Babylon.

Alexander, Halynos und Aras betraten den Tempel des Orakels gemeinsam mit Wasarauw und seinem Diener. Kurze Zeit später wurden die drei Gäste zu einem Altar geführt, hinter dem ein Schreiber stand, der ihre Fragen niederschreiben sollte. Zuerst traten sie kurz zur Seite um sich zu beraten. dann ging Aras zum Altar und erklärte dem Schreiber auf ägyptisch, welche Fragen sie gern beantwortet hätten. Der Ägypter nahm die Fragen entgegen, ging aus dem Tempel hinaus und verschwand hinter einem Türchen draußen neben der Tempelanlage. Von dort gelangte er durch einen Geheimkorridor an eine Stelle hinter dem Altar, wo die Botschaft dann vernommen werden konnte. An dieser Stelle saß der Orakelpriester, von zwei Priestern assistiert. Der eine Priester nahm die Fragen entgegen; der andere reichte dem Orakelpriester einen Trunk, der ihn in Trance versetzte. Die Fragen wurden dem Priester ins Ohr geflüstert, und die Urteile des Gottes anschließend durch ein raffiniertes Verstärker-System in den Tempel hinein verkündet. Lauschverstecke hat es auch zur Zeit Alexanders gegeben, aber diese befanden sich in einem anderen Raum des Tempels.

Nachdem sie ihre Fragen deponiert hatten, wurden die Gäste zu einem Altar in der Mitte des Raumes geführt, auf dem ein „ta^{c}om" lag. Der Hohepriester sprach ein Gebet an Amun, und Alexander, Halynos und Aras beugten sich über das Szepter und küßten es. Wasarauw verließ den Tempel, während die Gäste zu einem kleinen Altar abseits geführt und auf das Urteil des Gottes vorbereitet wurden. Alexander trug einen weißen, goldbestickten Seidenschal, den Halynos ihm einst geschenkt hatte. Alexander nahm ihn ab und legte ihn als Opfergeschenk an den Gott auf den Altar. Eine Stimme schallte durch das Mauerwerk, und drei Urteile wurden auf ägyptisch verkündet. Aras kritzelte sie auf einen δελτιον und richtete an das Orakel aus einem Impuls heraus eine mündliche Frage. Er fragte, ob Halynos in die „jatrogenesis" (Heilwerdung), d. h. die αστρα του Κρονου, eingeweiht werden durfte. Das Orakel bejahte.

Qoros berichtet, daß vier Fragen an das Orakel gestellt wurden. Die erste lautete: ob ein „saptay", den Auprassos benutzte, um ‚Stoicheia" durchzuführen, und den man offenbar für defekt hielt, ihm schadet. Die zweite Frage ergänzte die erste; man wollte wissen, ob derselbe „saptay" ebenfalls Alexander und Aras verletze. Die dritte Frage betraf Aristokles; ob die „Thea", die er verwendete, ihm schade.

Die letzte war: ob Wasarauw Astoras half, die „taraya" zu bekommen. Am Ende der Befragung wurde Aras eine Abschrift überreicht, welche in hieratischer Schrift drei Antworten enthielt, die der Gott verkündete. Da Aras dieser Schrift nicht kundig war, zeigte er sie später Aqai, der sie dann überprüfte. Die Antworten lauteten:

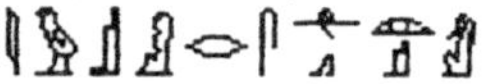

auw ausa e star ausaur – „Isis wird Osiris zerstören". Diese Antwort wurde auf die ersten zwei Fragen bezogen und deutete auf das Scheitern ihres Unternehmens hin. Im Grunde genommen vermochte niemand den Spruch richtig zu deuten.

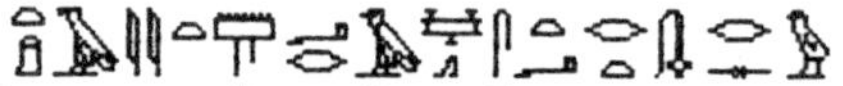

„tarayat ^{c}artayauwa st^{c}aura(t) rasauw" – „Das Feuer der Astraia ist das Feuer des Freundes". Dies bezog sich auf die dritte Frage und hieß, daß das Feuer der Astraia die Kraft des Aristokles verzehren würde. Der letzte Spruch deutete auf Wasarauw hin und lautete:

„st^{c}aura stokur wasarauw – „Das Feuer wird Wasarauw verbrennen." Dieser Spruch sollte sich in ein paar Tagen bewahrheiten.

Alle drei waren vom Orakel beeindruckt und rätselten darüber, wie es eigentlich zustandegebracht wurde. Vier Wochen später sollte Stouras, ein Tempelpriester, der Alexander folgte, sie darüber aufklären, wie das Orakel tatsächlich funktionierte. Von der Botschaft, die ihnen im Tempel zuteil wurde, waren sie weniger begeistert. Sie war tatsächlich enttäuschend und sorgte für Verwirrung. Mit dem Urteil, das das Pendel gesprochen hatte, waren sie sehr zufrieden. Sowohl Halynos als auch Aras kannten Alexanders Geheimnis.

Am nächsten Tag gingen Aras und Auprassos mit einer kleinen Schar von Wächtern zu dem Gebäude, in dem sich Saura aufhielt. Sie baten die Priester, die auf Saura aufpaßten, diesen zum Hohenpriester mitgehen zu lassen, da er und Alexander ihn sprechen wollten. Als sie zum Hohenpriester vorgelassen wurden, fanden sie Alexander und Wasarauw über den Geatauros sprechend, den Alexander zu ändern vorhatte. Alexander sagte, er bräuche die Thea, um Stoicheia vorzunehmen, und wollte wissen, wo sich die Männer aufhielten, denen der Hohepriester sie gegeben hatte. Wasarauw, der so einer Änderung prinzipiell nicht abgeneigt war, antwortete, daß die „taraya" nicht mehr in Siwa sei; aber er wollte nicht preisgeben, wo sie zu finden sei. Amun habe Astoras befohlen, die „taraya" nach Akko zu bringen, und er wollte diesem Begehren Folge leisten, indem er sie den Akkorisiern übergab. Saura ergriff das Wort und tat kund, daß Alexander Herakles, „auwos ^{c}arayos" – Saosis, sei und als solcher Anspruch auf die „taraya" erheben dürfe. Wenn er sie Alexander nicht gäbe, würde Amun ihn schwer bestrafen. Daraufhin sank Wasarauw in sich zusammen und bedauerte seine Tat. Er gab zu, daß Astoras ihn mit Geld besiegt habe und seine Agenten derzeit bei Ayn Qurayschat auf Kamele warteten, die sie wieder nach Paraitonion bringen sollten, und versicherte, er würde Amun dienen und Alexander helfen. Halynos wurde mit einer Reiterschwadron sofort ausgesandt, um die Thea zurückzubringen. Er holte bei Al-Zaytun die Agenten ein, die keinen Widerstand leisteten. Halynos nahm die Thea und brachte sie am folgenden Tag zurück.

Am nächsten Nachmittag gingen Aras und Auprassos zum Tempel des Amun, um ein Kultgerät zu besorgen, das die Tempelpriester „s^{c}araya" nannten, „das, was groß macht". Alexanders Männer bezeichneten es als σφαιρα της χευπυρας – „Skarabäus-Kugel". Das betreffende Gerät war allerdings keine Kugel, sondern ein sogenanntes Was-Szepter (we3as). Alexander brauchte dieses Gerät für einen bestimmten Gegenstand, der mit dem „Herakles-Feuer" eng verbunden war und den er suchen wollte. Die Ägypter, die damit vertraut waren, nannten ihn

„st^{c}aura"; Alexanders Männer gaben ihm den Namen „σταυρος". Auf bestimmte Einzelheiten, die mit diesem Gegenstand verbunden sind, darf Qoros nicht näher eingehen. Alexander und seine Männer bezeichneten es als θεου ρασα „Gottesgeheimnis" – also „streng geheim". Bevor Aras und Auprassos in den Tempel hineingingen, warnte Wasarauw sie vor gewissen Schwierigkeiten, die ihnen widerfahren würden, da der Hüter der „s^{c}araya", ein Priester namens Wudanauw, nicht bereit sei, sie ihnen zu geben. Der Hohepriester sollte recht behalten. Wudanauw war alles andere als bereit, irgendwelchen Fremden dieses Instrument zu übergeben. Nach einem kurzen heftigen Wortwechsel griff er zum „gilon" und wollte seinen Gegnern damit einen Schlag versetzen. Aras wehrte den Schlag mit seiner Thea ab, strahlte ihn auf den Priester zurück und verletzte ihn dabei. Auprassos pflegte ihn sorgfältig, erklärte ihm, was sie mit dem „Stauros" vorhätten, und versuchte ihn zu überreden, sich Alexander anzuschließen. Schlußendlich willigte Wudanauw ein, da Alexander doch derjenige sei, der von den Göttern bestimmt war, dem Feuer des Seth Einhalt zu gebieten und dabei die Welt zu verändern. Wudanauw übergab Alexander die „s^{c}araya", beschloß jedoch, als Alexanders Hüter des „Stauros" in Siwa zu bleiben. Wir hören allerdings, daß er Alexander zwei Jahre später nach Indien begleitete.

Am folgenden Morgen waren vier Männer am Geatauros versammelt, der 1,5 km vom Tempel entfernt lag. Es waren Alexander, Aras, Auprassos und der Hohepriester Wasarauw. Die „Stoicheia" wurde bereits auf dem Gelände aufgestellt. Alexander stand da und schaute prüfend auf den Geatauros. Er trug seinen Helm mit weißem Roßhaarschweif, einen blauen Chiton und einen roten Überwurf. In der rechten Hand hielt er einen „θεου ραβδος" (Gottesstab). Aras und Auprassos hatten gerade Körner über den Geatauros gestreut und waren dabei, die „gila" zu holen. Plötzlich ergriff Wasarauw seinen Rhabdos und wollte den Geatauros betreten. Er meinte, der Geatauros befinde sich auf seinem Gebiet und es obliege ihm, ihn zu vernichten. Aras faßte ihn und hielt ihn davon ab. Er erklärte ihm, er würde sich schwer schaden, wenn er es täte. Wasarauw gab nach und begnügte sich mit dem Zuschauen. Der Geatauros zu Siwa war ein überaus zählebiges Wesen, und es bedurfte vier Stunden, um seinen Energiegehalt zu ändern. Auprassos tat die meiste Arbeit. Jedoch Alexander, der sozusagen als Auprassos' „Lehrling" galt, sprang auch ein paar Mal ein und bearbeitete einige Strecken mit Aras' Rhabdos. Als alles fertig war, zogen sie sich in Aras' Zelt zurück und besprachen das kommende Unternehmen mit dem Stauros. Als Opfergabe an Seth wurden das Korn und ein kleiner „Tat"-Pfeiler aus Fichtenholz hinterlassen.

Den ganzen Tag über war Wasarauw über den Verlust der „s^{c}araya" an Alexander bedrückt und trachtete, sie wieder in den Besitz des Tempels zu bekommen. Er sprach mit Wudanauw darüber; aber dieser erklärte ihm, sie gehöre jetzt Alexander. Wasarauw ließ jedoch nicht nach und wartete auf eine Gelegenheit, die „s^{c}araya" an sich zu nehmen und zu verstecken. Am Abend war es so weit. Alexander war mit Halynos und Staras auf Jagd gegangen. Wudanauw als Hüter des Gerätes saß vor Alexanders Zelt und wachte über die Anlage und das Gerät, das drinnen war. Wasarauw lungerte in der Gegend herum und wartete auf eine Chance, sich an die „s^{c}araya" heranzumachen. Eine Gelegenheit bot sich, als Wudanauw sich entfernte, um seine Notdurft zu verrichten. Der Hohepriester schlich sich dann schnell ins Zelt, ergriff das Gerät und die Thea, die es schützte. Kaum war er wieder draußen, da tauchte plötzlich Wudanauw auf. Der Hohepriester wollte den „we3as" aus seiner Scheide nehmen und auf Wudanauw richten. Wudanauw nahm sein „gilon" und versetzte ihm rasch einen Schlag, welcher den Hohenpriester drei Stunden lang lähmte. Als Alexander zurückkam, ernannte er Wudanauw zum Hohenpriester. Wasarauw wurde zur Strafe nach Paraitonion gebracht und dann auf einem Schiff nach Griechenland geschickt – als Sklave. Einer der Sprüche, den das Orakel geweissagt hatte, war somit vorerst erfüllt. Wasarauw wurde wegen Raubes eines göttlichen Gerätes bestraft.

Zwei Tage später wurden acht Kamele für eine ausgedehnte Reise in die Wüste gesattelt. Alexander wollte angeblich einige Tage in der Gegend des heutigen Gebel al-Dakrur verbringen, um sich dort der Heilerde zu bedienen. Er litt damals unter einigen Unpäßlichkeiten und hoffte, sie dort kurieren zu können. In Wahrheit wollte er den mythischen „Stauros" suchen. Die Vorbereitungen wurden getroffen, und das Expeditionskommando wurde in Alexanders Abwesenheit auf Aupoas übertragen. Am Abend brach die kleine Schar in Richtung Gebel al-Dakrur auf. Sieben Personen begleiteten Alexander: Staras, Deinokrates, Aristokles, Halynos, eine Mantikerin namens Phiara, ein Amunpriester und ein Ortsführer. Das wahre Reiseziel blieb geheim.

Während Alexanders Abwesenheit ritt Aras allein nach Gebel al-Dakrur. Einige Tage davor war er zusammen mit Alexander und Staras in derselben Gegend gewesen, um geomantische Forschungen in den Gebirgen durchzuführen. Eine Anhäufung von σταδια του Κρονου (Global-Gittern) interessierte ihn, und er wollte die Gegend weiter ausforschen.

Aras verbrachte die Nacht neben einer Feuertiara nahe dem Fuß des Gebel al-Dakrur. Das letzte Mal, als sie dagewesen waren, hatte Staras den Ort „Διος ταρσος" genannt. Die Erde hier tat Aras gut und schien seine Melancholie zu vertreiben. Während er neben einem kleinen Feuer saß, dachte er an die gigantische Aufgabe, die vor ihm und seinen Gefährten lag – die Entfernungen, die sie bewältigen müßten, um Ahriman sein Feuer zu nehmen – eine ungeheure Herausforderung. Plötzlich schoß ein leuchtender Himmelskörper in Richtung NW über den Nachthimmel, und der Anblick erfüllte ihn mit Zuversicht und einer unerklärlichen Freude. Wieder dachte er, wenn Alexander den Stauros fände, dann bedeutete das einen einmaligen, unerhörten Sieg über die Mächte des Ahriman. Auf seinem Forschungsausflug fand Aras zwei weitere Feuertiaren und eine Tiara. Er zeichnete sie auf einer Landkarte ein und kehrte nach Siwa zurück.

Fünf Tage, nachdem Alexander mit seinen Begleitern in die Wüste aufgebrochen war, kehrte er an einem Vormittag nach Siwa zurück. Nach außen hin tat man so, als ob nichts geschehen wäre. Aber unter den κουροι herrschte große Aufregung. Am Nachmittag wurden sie im Zelt des Aras versammelt, der am Vortag wieder aufgetaucht war. Im Zelt standen sie alle um einen rechteckigen Tisch, dessen Mitte der Kynros zierte, und folgte gebannt Alexanders Ausführungen.

Alexander zeigte auf Landkarten, wo sie gewesen waren, und erklärte, was dort geschehen sei und was er mit dem „Stauros" zu tun gedenke. Nachher wurde ein Hymnus an Amun angestimmt, und Alexander verpflichtete sie alle zum Schweigen. Alles, was sie an dem Tag erfuhren, sollten sie für sich und den Orden des Joulos behalten. Siwa stellte einen besonderen Meilenstein für Alexander dar. Die Oase des Amun war ein Ort, der Alexander besonders am Herzen lag und zu dem er eines Tages zurückkehren wollte. Die Ereignisse, die später in die Geschichte eingegangen sind, wie zum Beispiel das Orakel und die Sohnschaft des Amun, wurden von den κουροι als sekundär und selbstverständlich erachtet. Die wahren Gründe, weshalb Siwa für Alexander so bedeutungsvoll war, blieben nur dem Orden des Joulos bekannt.

Die Rückreise von der Oase erfolgte über die südliche Karawanenstraße in Richtung Memphis. Auf dem Weg wurden sechs Geatauri sowohl von Auprassos als auch von Alexander geändert, bevor sie endlich Memphis erreichten. Alexander blieb allerdings nicht lange in der Stadt, denn ein ägyptischer Priester mit einer beunruhigenden Botschaft wurde gleich am Tag seiner Ankunft zu Alexander vorgelassen. Der Ägypter stammte aus dem 12. unterägyptischen Gau und war Priester in einem Isis-Tempel, der sich ungefähr 22 km südwestlich von Sebennytos befand. Er beklagte sich über vier Männer, die der Priesterschaft unter schlimmen Androhungen ihre Neith-„taraya" geraubt hatten. Ihr Anführer hieß Astoras und kannte sich mit heiligen Geräten bestens aus. Die Nachricht beunruhigte Alexander sehr, denn er wußte schon, daß

Astoras an der „taraya" in Siwa interessiert gewesen war, war jedoch nicht sicher, welche Absichten er damit verfolgt hatte, und vermutete Schlimmes, wenn er nicht eingriff.

Am nächsten Tag brach Alexander mit 24 Männern in Richtung Sais auf, wo man Astoras und seine Agenten vermutete. Alexander nahm an, daß Astoras sich nicht nur mit einer Thea begnügen, sondern mehrere Tempel in der Gegend nach diesen kostbaren Gegenständen durchsuchen würde. Astoras wußte, daß Alexander ihn suchte und daß Aras auch mit dabei war, und überlegte sich folglich, wie er es Aras heimzahlen könnte. Von sicherer Entfernung aus beobachtet er und seine Agenten die Suchmannschaft, während diese ganze Ortschaften im Mitteldelta durchstreifte. Astoras hoffte, auf diese Weise Aras allein zu fassen, um mit ihm endlich einmal abzurechnen. Eine Gelegenheit bot sich in der Gegend nordöstlich von Naukratis. Astoras beobachtete, wie ein paar Männer der Suchmannschaft aus der Gruppe ausscherten, um geomantische Punkte zu bearbeiten, und daß Aras einer von ihnen war.

Er bemerkte, daß es gewöhnlich vier Männer waren, die an diesen geomantischen Stellen arbeiteten, während die anderen die Gegend durchsuchten, und dachte, es wäre nun nicht schwer, sie zu überwältigen, Aras zu erledigen und sich mit ihren „Theai" davonzumachen. Astoras ortete einen geomantischen Knoten in der Gegend zwischen den heutigen Dörfern Urein und Scharnub. Er hinterließ einige Hinweise in der Gegend, um die Suchmannschaft dorthin zu lenken, und wartete in der Nähe des Knotens, bis sie kämen. Astoras und seine Agenten harrten eineinhalb Wochen in der Gegend aus, bis Alexander tatsächlich dort auftauchte. Aras entdeckte dort einen „tauras", d.h. einen Geatauros und eine Tiara, und bat Alexander um die Erlaubnis, selbst den Geatauros ausgleichen zu dürfen. Alexander zögerte ein wenig, gewährte Aras jedoch seinen Wunsch. Allerdings schickte er einen Ägypter mit, damit dieser Aras assistiere. Dann ritt Alexander mit seiner Mannschaft weiter und suchte die Gegend ab. In der Nähe des

Geatauros befand sich ein Hügel, hinter dem sich Astoras und seine Männer versteckt hielten: sie lauerten dort und warteten, bis die anderen weggeritten waren. Dann pirschten sie sich an Aras und den Ägypter heran. Aras legte die „Thea" neben den Hügel, um sie zu „laden" und war eben dabei, die στοιχεια aufzustellen, als Astoras und seine Männer angriffen. Plötzlich drehte sich Aras um und erblickte vier Männer vor sich, die mit Waffen auf ihn und den Ägypter zukamen. Er wies auf Astoras und meinte zum Ägypter ironisch: „astar apauw ge3awa ne^{c}a" – „Es ist nur Astoras, Futter für den Geatauros". Der Ägypter zog sein Messer und sprang auf zwei der Angreifer, wurde aber von ihnen rasch niedergestochen. Aras vermochte die Agenten mit seinem „gilon" zu erschlagen, bevor er selbst von dem Stab (gilon) des Astoras verbrannt wurde. Astoras nahm schnell die Thea an sich und rannte davon.

Der Ägypter war noch am Leben, als die Suchmannschaft zum Geatauros zurückkehrte. (Man fand den Ägypter ca. vier Meter vom Tatort entfernt.) Der Ägypter erzählte, was geschehen war, während Auprassos und ein ägyptischer „sawan saschma", ein Sachmet-Heiler, ihn verarzteten. Dann half man ihm auf einen Wagen, der dann nach Sais geschickt wurde. Aras' Leichnam wurde in ein Leintuch gewickelt und in einen separaten Wagen gelegt, der auch ihn nach Sais bringen sollte. Da Astoras die „Thea" hatte, war es nicht schwer, ihn hermetisch zu verfolgen. Man spürte ihn endlich in einer Stadt auf (äg., dimey), die Atrauwasa hieß. Die Ortschaft lag nordwestlich vom heutigen Dorf El-Bakatusch. Als Astoras hörte, daß Soldaten sich der Stadt näherten, rannte er zu einem Hügel, der sich vor der Stadt befand, und versteckte sich.

Ein ägyptischer Bauer sah die Soldaten kommen und eilte zu ihnen, um ihnen zu zeigen, wo der Fremde zu finden sei. Astoras hatte die „Thea" bei sich, als er umzingelt wurde. In der darauffolgenden „mêlée" tötete Astoras vier Soldaten mit seinem „gilon". Auprassos rief die Soldaten zurück und betonte, daß Astoras ihm gehöre. Dann nahm er seine „Thea", hielt sie vor sich hin und ging auf ihn zu. Astoras richtete sein „gilon" auf Auprassos und versetzte ihm einen Schlag. Auprassos wehrte den Energieschlag mit der Thea ab. Dann schritt er voran; die Energie, die aus seinem Sonnengeflecht strömte, trieb er mit der Thea auf seinen Gegner zu. Astoras war außerstande, so einem Feuerangriff standzuhalten und verbrannte kläglich.

Auf dem Weg nach Sais stellte Auprassos fest, daß die Taraya, die Astoras gestohlen hatte, ruiniert war, und man beschloß sie zu verbrennen. Man legte die Taraya zusammen mit einem von Auprassos' „saptayawa" (Saptays) auf den Boden und setzte sie in Brand. Auf diese Weise – so Qoros – konnte das Gilon mit einer hochgradigen Energie aufgeladen werden, die man „areteia" nannte.

In Sais wurde Aras' Leichnam im „par ᶜunasch", „Lebenshaus" des Isis-Tempels vorbereitet. Alexander ließ eine Grabstätte in der Nekropole neben Ratons Grab anlegen. Ptolemaios, Nearchos, Staras und Aupoas wurden nach Memphis zurückgeschickt; Alexander blieb jedoch bis nach dem Begräbnis. Qoros berichtet, daß der Samauw oder Sem-Priester, den man für eine Art Prophet hielt, beim Begräbnis zu Alexander sagte, Aras sei glücklich, worauf Alexander zu weinen begann. Auch der Priester brach in Tränen aus, sagte aber, er weine nicht für Aras, sondern für Alexander, denn, wenn er nicht aufpaßte, würden die Geatauri ihn besiegen.

Alexander verließ Sais am nächsten Tag, um nach Memphis zurückzukehren. Von dort sollte er in den Süden ziehen, um die „jatrogenesis" (Heilwerdung), wie er sie nannte, fortzusetzen. Noch für geraume Zeit war die Stele, die Alexander seinem Freund errichtet hatte, für jedermann sichtbar – ehe sie umstürzte und in Vergessenheit geriet. Der Vergessenheit preisgegeben wurden auch die Worte, die einst darauf standen; sie erinnern an eine seltsame Vergangenheit und künden gleichzeitig von jener unbändigen, ja „unbesiegten" Hoffnung auf eine neue, heile, vereinte Welt:

> Es lebe Aras!
> Die „Thea" dient den Kindern des Zeus; Typhon ist besiegt.
> Ein Heilmittel gegen große Hoffnungslosigkeit ist
> Das Feuer des Dionysos.

INHALTSVERZEICHNIS

I. DER SPEERWURF ALEXANDERS GEGEN ASIEN 11

II. DER GÜRTEL DER ASTRAIA 26

III. DER KNOTEN DER CHARITINNEN 40

IV. DER HELM DES BELLEROPHON 78

V. DAS FEUER DES DIONYSOS 136